大学生社会实践与成长实证研究

窦高杰 陈建红 著

上海交通大學出版社
SHANGHAI JIAO TONG UNIVERSITY PRESS

内容提要

大学生社会实践已成为高等教育中不可或缺的一部分。它不仅为学生提供了将理论知识应用于实际的机会，还促进了学生的个人成长和发展。首先，本书系统地介绍了大学生成长理论和实证研究理论，为后续研究奠定了理论基础。随后，通过结合定量与定性研究手段，即观察、问卷调查、深度访谈等方式，对参加衢州学院与龙游溪口联合暑期支教项目——南孔学堂的大学生进行了深入研究。研究发现，大学生的成长主要体现在知识拓展、能力提升、心智成熟、品格锻炼、视野拓宽等方面。最后，本书在总结南孔学堂如何促进大学生成长的经验的基础上，提出了相关的改进措施，以期进一步提升大学生社会实践的效果。

图书在版编目(CIP)数据

大学生社会实践与成长实证研究/窦高杰，陈建红著. —上海:上海交通大学出版社，2024. 6—ISBN 978-7-313-30935-8

Ⅰ. G642. 45

中国国家版本馆 CIP 数据核字第 2024KM1668 号

大学生社会实践与成长实证研究
DAXUESHENG SHEHUI SHIJIAN YU CHENGZHANG SHIZHENG YANJIU

著　　者: 窦高杰　陈建红
出版发行: 上海交通大学出版社　　地　　址: 上海市番禺路 951 号
邮政编码: 200030　　电　　话: 021 - 64071208
印　　制: 上海万卷印刷股份有限公司　　经　　销: 全国新华书店
开　　本: 710mm×1000mm　1/16　　印　　张: 12.75
字　　数: 200 千字
版　　次: 2024 年 6 月第 1 版　　印　　次: 2024 年 6 月第 1 次印刷
书　　号: ISBN 978 - 7 - 313 - 30935 - 8
定　　价: 68.00 元

版权所有　侵权必究
告读者: 如发现本书有印装质量问题请与印刷厂质量科联系
联系电话: 021 - 56928178

前　言

在当代社会，大学生社会实践已成为高等教育中不可或缺的一部分。它不仅为学生提供了将理论知识应用于实际的机会，还促进了学生的个人成长和发展。本书旨在深入探讨大学生社会实践与成长之间的关系，并以衢州学院与龙游溪口联合暑期支教项目——南孔学堂为例，详细阐述其办学理念、目标、教学设计以及对大学生的影响。

首先，本书介绍了大学生成长理论和实证研究理论。这些理论为本书提供了理解和解释大学生社会实践的重要框架，为后续的实证研究提供了有力的支持。

其次，本书对南孔学堂项目进行描述，详细介绍了其办学理念、目标以及具体的教学设计和课程安排。南孔学堂作为衢州学院与龙游溪口联合举办的暑期支教项目，旨在通过实践活动提升大学生的知识、能力和素质。其独特的课程设计涵盖了儒学礼节、国学诵读、龙游当地民俗文化、环保意识、感恩反哺等多个方面。这些课程不仅注重知识的传授，更强调实践能力的培养和人文素养的提升。

再次，本书以南孔学堂为例，对大学生在社会实践中的成长进行了实证分析，探讨了大学生社会实践与成长的关系。通过对比和分析大学生在参加南孔学堂前后的变化，本书发现社会实践对大学生成长产生了积极影响。这种影响不仅表现在知识拓展和能力提升上，还表现在心智成熟、品格锻炼和视野拓宽上。

在知识拓展方面，大学生们通过参与南孔学堂的实践活动，不仅拓展了专业知识，还对地方文化、民族文化等有了更深入的了解。在能力提升方面，大学生们通过参与实际的教学活动和其他实践活动，提升了各种能力，如教学技能、知识应用能力、科技应用能力、团队协作能力等。在心智成熟方面，大学生们通过参与社会实践，增强了自信心、公益心和责任感等积极心理品质。在品格锻炼方面，大学生们通过参与南孔学堂的实践活动，锻炼了吃苦耐劳、虚心好学、积极向上的良好品格和心态，更加明确了自己的学习目标、职业目标和人生目标。在视野拓宽方面，大学生们通过参与南孔学堂的活动，了解了不同地区的文化习俗和不同人群的生活方式，增强了跨文化交流的能力和意识。

最后，本书针对大学生社会实践提出了优化建议与改进措施。这些建议和措施将有助于高等教育机构、政府部门和社会组织进一步推动大学生社会实践的发展和优化。

笔者希望通过分享南孔学堂的经验和成果，鼓励更多的高校和社会力量参与到大学生社会实践中来，共同为青年一代的成长和发展贡献力量。同时，笔者也期待读者能够从中获得启发和思考，进一步推动大学生社会实践的理论研究和实践发展。

本书付梓之际，特别感谢衢州学院副校长郑文山教授在本书撰写过程中给予的精心指导和大力支持；感谢沈小龙博士的耐心指导；感谢董丽佳、陈恬伊、李嘉怡、毛宇森、孙涵、陈珈怡、陆欣妍、叶星辰、辛颖、沈颖浬、何明、李书怡、季欣欣、陆诗洁、赖晨依、张乐怡等同学不辞辛苦地参加南孔学堂实践活动，一起参与调研和配合部分撰写工作；感谢上海交通大学出版社张冠男、徐榆飒编辑为提升本书质量提供的大力支持；感谢我的同事、亲朋好友在七年的社会实践和写作过程中一直给予我关心、支持和鼓励。

本书是一本融理论探索、实践经验和思政工作思考于一体的抛砖引玉之作，由于知识有限及时间仓促，书中难免有疏漏或不当之处，诚请同行专家和广大读者不吝指正。

窦高杰

2024年3月

目 录

第一章

引言

在引言中，笔者首先对研究背景进行介绍，阐述大学生社会实践的重要性。社会实践促进大学生综合素质发展，提高大学生创新能力、实践能力、团队协作能力、解决问题的能力等。暑期支教项目的普及和发展为大学生社会实践提供了丰富的资源，惠及社会、学校、学生，尤其对大学生的成长具有促进作用，使其社会责任感、公益心、自信心、协调能力、创新能力、社会适应能力得到提升。其次，笔者提出研究问题——社会实践如何促进大学生成长，并分析了暑期支教项目中存在的问题和暑期支教项目对大学生个人成长的影响。再次，笔者阐述了研究目的，即以南孔学堂为研究对象，探讨暑期支教项目对大学生成长的促进作用，并为推动暑期支教项目的发展和完善提供理论支持和实践指导。最后，笔者从理论、实践、案例研究三个方面阐述了研究意义。

一、研究背景

（一）大学生社会实践的重要性

大学生社会实践作为高等教育的一部分，对于提升大学生的综合素质具有重要意义。社会实践通过将大学生的理论知识与实际应用相结合，帮助他们更好地理解和掌握所学知识，同时培养他们的创新精神和实践能力。此外，社会实践还为大学生提供了与不同背景的人交流和合作的机会，帮助他们提升社会交往能力和团队协作能力。通过参与社会实践，大学生可以更好地了解社会需求和职业前景，为未来的职业生涯做好准备。大学生社会实践的重要性主要体现在以下几个方面。

第一，将理论知识与实际应用相结合。大学生在学习过程中获得的理论知识，如果没有被实际应用，很容易变得抽象和难以理解。而社会实践为大学生提供了一个将理论知识与实际应用相结合的平台。通过参与社会实践，大学生可以在实际环境中运用所学知识，观察和分析实际问题，从而更好地理解和掌握这些知识。

第二，培养实践能力和创新精神。社会实践要求大学生具备解决实际问题的能力，这促使他们在实践中不断尝试、探索和创新。通过参与项目设计、实施和评估等环节，大学生可以锻炼自己的实践能力，包括问题分析、方案设计、团队协作、沟通表达等。同时，社会实践中的挑战和问题也要求大学生具备创新精神，寻找新的解决方案。

第三，提升社会交往能力和团队协作能力。社会实践通常涉及与不同背景的人交往和合作，这要求大学生具备良好的社会交往能力和团队协作能力。通过与不同行业、不同领域的人交流和合作，大学生可以拓宽自己的人脉资源，增加对社会的认知和理解。同时，团队协作能力的培养可以帮助大学生更好地适应未来的工作环境，学会与他人共同完成任务和解决问题。

第四，增强社会责任感和公民意识。参与社会实践可以让大学生更深入地了解社会问题和需求，从而增强他们的社会责任感和公民意识①。通过为社会作出贡献，大学生可以感受到自己的价值和意义，进一步激发为社会服务的热情。这种责任感和公民意识的培养有助于大学生成为有理想、敢担当的公民。

第五，拓展职业视野和增加就业机会。通过参与社会实践，大学生可以接触更多的行业和工作领域，拓展自己的职业视野。在实践中，他们可以了解不同行业的运作方式和前景，为未来的职业规划提供参考。同时，通过社会实践中的表现和成果，大学生还可以提升自己的就业竞争力，增加就业机会。

第六，培养批判性思维和问题解决能力。社会实践往往涉及复杂、多元

① 吴松.贵州高中地理教育中区域文化融入策略与效果[J].中学课程辅导，2023(34)：72-74.

和不确定的问题，要求大学生具备批判性思维和问题解决能力。通过参与社会实践，大学生可以学会独立思考、分析问题、评估信息、形成观点，并寻求有效的解决方案。这种思维方式和能力的培养有助于大学生在未来的生活和工作中更好地应对挑战和困难。

第七，增强文化自信和塑造价值观。社会实践是文化传承和价值观塑造的重要方式之一。通过参与社会实践，大学生可以深入了解和体验不同地区的文化传统、历史习俗和社会价值，从而增强对自身文化的认同感和自信心。同时，与不同文化背景的人交往和合作也有助于大学生开阔视野，理解和尊重多元文化，形成开放、包容和尊重差异的态度和价值观。

第八，激发学习动力和自主学习能力。社会实践中的挑战和问题可以激发大学生的学习动力和自主学习能力。通过参与实践，大学生可以发现自己感兴趣和擅长的领域，从而更加有目的地学习和探索。同时，社会实践中的反馈和评价也可以帮助大学生了解自己的优点和不足，及时调整学习策略和方法[①]，提升学习效果和质量。这种学习动力和自主学习能力的培养有助于大学生在未来的学习和职业生涯中保持持续学习和自我提升的态度。

第九，增强心理素质和应对压力的能力。社会实践中通常会存在各种挑战和压力，这些压力可能来自任务难度、人际关系、环境变化等方面。通过参与社会实践，大学生可以锻炼自己的心理素质和应对压力的能力，学会调节情绪、保持积极态度、处理复杂问题和适应不同环境。这种心理素质和应对压力的能力对于大学生的个人成长和未来的职业发展都具有重要意义。

第十，培养社会责任感。社会实践是培养大学生社会责任感的重要途径之一[②]。通过参与社会实践，大学生可以了解社会的需求和问题，亲身参

---

① 陈曼，徐伟建. 基于统编教科书的单元整体教学建构与实施[J]. 新校园，2023(10)：9－12.

② 崔月华. 高校思想政治教育课教学原则与教学方法改革[J]. 辽宁教育研究，2000(S1)：154－156.

与社会服务和公益活动，为社会的进步和发展作出贡献。这种社会责任感的培养可以增强大学生的政治意识和社会意识，促进他们对国家事务和社会事务的关注和参与，帮助他们成为具有公民意识和社会担当的未来人才。

（二）暑期支教项目的普及和发展

暑期支教项目是一种重要的社会实践活动，近年来越来越受到关注和支持。这些项目通常由高校或学生发起，组织大学生到教育资源相对匮乏的地区进行教育实践和文化传播。暑期支教项目不仅为当地学生提供了更丰富的教育资源和机会，还为大学生提供了一个不同于校园环境的实践平台。通过与当地学生和教师的互动，大学生可以深入了解当地的文化和生活方式，提升自己的社会交往能力和同理心。同时，暑期支教项目还有助于缩小城乡教育差距，促进教育公平。

1. 背景介绍

暑期支教项目是一种由高校或学生组织发起的短期教育支援活动。这些项目旨在为教育资源相对匮乏的地区提供一定的教育支援和促进文化传播。暑期支教项目起源于20世纪80年代，最初由一些大学生自发组织，规模较小且缺乏管理。随着时间的推移，这些项目逐渐得到重视和支持，规模不断扩大，参与人数不断增加。

2. 发展历程

暑期支教项目的发展经历了多个阶段。起初，这些项目主要是由一些大学生自发组织，规模较小，缺乏资金和资源支持。随着社会对教育公平的关注度不断提高，越来越多的高校和教育机构开始关注暑期支教项目，并给予更多的支持和投入。这些项目的规模和影响力逐渐扩大，开始覆盖更多的地区和人群。同时，一些知名的公益组织和慈善机构也开始支持暑期支教项目，为其提供资金、物资和技术支持。

3. 普及程度及现状

如今,暑期支教项目已经在全国范围内得到普及和发展。每年暑假期间,全国各地的高校和公益组织都会组织类似的支援活动,招募大量的志愿者参与其中。这些项目的规模和影响力不断扩大,已经成为了推动教育公平和促进社会发展的重要力量。同时,暑期支教项目也得到了政府和社会各界的广泛认可和支持。

4. 对社会的贡献

暑期支教项目对于社会的贡献主要体现在以下几个方面:

(1) 提供教育支援:暑期支教项目为教育资源相对匮乏的地区提供了宝贵的教育支援。通过派遣志愿者教师和提供教育教学资源,这些项目有助于缩小城乡教育差距,提高当地的教育质量和水平。对于那些因各种原因无法接受良好教育的学生来说,暑期支教项目弥补了他们无法得到充分教育的缺憾。

(2) 促进文化传播:暑期支教项目也是文化传播的重要途径之一。通过与当地学生和教师的交流互动,志愿者们将不同地区和民族的文化带到当地,有助于促进不同文化之间的理解和融合。这有助于打破地域和文化的隔阂,增进不同地区之间的相互了解和友谊。

(3) 培养未来领袖:暑期支教项目在培养未来领袖方面也发挥了重要作用。通过参与这些项目,大学生有机会接触到不同地区和文化背景的人,培养自己的全球视野和社会责任感。这种经验和能力对于大学生未来的职业发展具有重要意义。同时,这些未来的领袖将在各个领域发挥重要作用,为社会的发展作出贡献。

(4) 推动教育改革:暑期支教项目不仅提供教育支援和促进文化传播,还通过与当地教师和学校合作,推动教育改革和创新。志愿者们可以分享最新的教育理念和方法,帮助当地教师改进教学方式和手段,提高教学效果和学生的学习兴趣。这有助于推动整个地区的教育改革和发展。

(5) 增强社会凝聚力:暑期支教项目通过志愿者们的努力和奉献,增强了社会对教育公平的关注和重视。这种关注和重视可以激发全社会的积极响应和支持,形成共同关注和参与教育公平事业的良好氛围。同时,暑期支教项目还促进了社会各界之间的交流和合作,增进了相互理解和信任,有助于增强社会的凝聚力和稳定性。

(6) 提高社会对教育和公益事业的关注:暑期支教项目通过宣传和具体实践,提高了社会对教育和公益事业的关注和重视。这种关注和重视可以促进全社会形成共同的价值观和责任感,推动教育和公益事业的发展和进步。同时,暑期支教项目还为其他类似项目提供了借鉴和参考,推动了相关领域实践的改进和创新。这种关注和重视对于社会的可持续发展具有重要意义。

(7) 改善贫困地区的教育环境:暑期支教项目通过为贫困地区的孩子提供丰富多彩的教育活动和拓展训练,帮助他们开阔视野、提高综合素质。这些努力可以改善贫困地区的教育环境,为孩子们提供更好的学习条件和发展机会。同时,暑期支教项目还可以促进当地学校和社区的建设,改善教学设施和校园环境,为贫困地区的教育事业作出贡献。

(8) 培养志愿精神和公益意识:暑期支教项目不仅提供教育支援和促进文化传播,还通过参与其中的大学生和志愿者们传递志愿精神和公益意识。这些志愿者们以无私奉献的精神投身于贫困地区的教育事业,为社会作出贡献。他们的行动可以激励更多的人关注和参与到公益事业中来,推动社会的进步和发展。同时,暑期支教项目还可以培养志愿者和公益组织的合作能力和创新意识,为公益事业的发展提供更多的动力和支持。

(9) 激发学生的学习兴趣和动力:暑期支教项目通过丰富多彩的教育活动和互动教学,可以激发学生的学习兴趣和动力。志愿者们带来的新颖教学方式和内容可以吸引学生的注意力,让他们更加主动地参与到学习中来。这种积极的学习态度和良好的学习动力对于学生的学习成绩和个人发展都具有重要影响,有助于培养更多具有创新精神和实践能力的人才。

(10) 拓展大学生的视野和经验:参与暑期支教项目的大学生有机会亲身体验不同地区的文化和教育环境,拓展自己的视野和经验。通过与当地学生、教师和社区的互动，他们可以更加深入地了解社会现实和教育问题，增强自己的社会责任感和使命感。这种视野和经验的拓展对于大学生的个人成长和未来的职业发展都具有重要意义。

（三）暑期支教项目对大学生成长的影响

参与暑期支教项目的大学生可以在这个过程中获得丰富的经验和成长机会。他们可以通过与农村地区的孩子们互动，了解他们的生活和学习情况，提升自己的社会交往能力和同理心。在与当地学生和教师的交流中，大学生可以更好地理解来自不同文化背景和生活环境的人的需求和情感，培养自己的观察力和理解能力。此外，暑期支教项目还可以培养大学生的团队协作能力和领导能力。在项目中，大学生需要与团队成员密切合作，共同完成任务并解决遇到的问题①。暑期支教项目对大学生成长的影响具体体现在以下几个方面。

（1）培养社会责任感和公民意识：参与暑期支教项目可以让大学生更深入地了解社会问题和需求，从而增强他们的社会责任感和公民意识②。通过与当地学生、教师和社区居民的交流互动，大学生可以亲身体验不同地区之间的差异和各自的困境，从而激发他们为社会作出贡献的热情和动力。这种责任感和公民意识的培养有助于大学生成为具有社会责任感和担当的公民，积极投身于社会建设和公益事业。

（2）增强团队协作能力和领导能力：暑期支教项目通常需要大学生组成团队进行协作，共同完成任务和解决问题。在这个过程中，大学生可以锻炼自己的团队协作能力和领导能力③。通过与其他志愿者一起工作、分工合

① 孙敏，张吉．竞赛活动对培养和提高大学生创新能力的研究与探讨[J]．中国多媒体与网络教学学报（上旬刊），2023(05)：165－168.

② 吴松．贵州高中地理教育中区域文化融入策略与效果[J]．中学课程辅导，2023(34)：72－74.

③ 孙敏，张吉．竞赛活动对培养和提高大学生创新能力的研究与探讨[J]．中国多媒体与网络教学学报（上旬刊），2023(05)：165－168.

作、相互支持，大学生可以学会如何在团队中发挥自己的优势、克服自己的不足，并达成共同的目标。同时，担任团队领导或承担特定职责也可以让大学生锻炼自己的领导力和组织协调能力，学会如何带领团队、分配任务、解决问题。

(3) 提升实践能力和创新思维：暑期支教项目要求大学生具备解决实际问题的能力，这促使他们在实践中不断尝试、探索和创新。通过与当地学生和教师一起开展教学活动、设计课程、组织活动，大学生可以锻炼自己的实践能力，包括问题分析、方案设计、实施执行等。同时，面对实际问题和挑战，大学生也需要具备创新思维和解决问题的能力，寻找新的解决方案。这种实践能力和创新思维的培养有助于大学生在未来的工作和生活中更好地应对挑战和困难。

(4) 拓宽视野和增强文化自信：暑期支教项目通常涉及不同地区和文化背景的人群，这有助于大学生拓宽视野和增强文化自信。通过与不同文化背景的人交往和合作，大学生可以了解和学会尊重不同地区的文化传统、历史习俗和社会价值，从而增强对自身文化的认同感和自信心。同时，这种跨文化的交流和互动也有助于拓宽大学生的全球视野和提升国际交往能力，为他们未来的职业发展提供更多的机会和资源。

(5) 增强自我认知和塑造价值观：参与暑期支教项目的经历可以帮助大学生更深入地认识自我和塑造价值观。通过参与实践、面对挑战、解决问题，大学生可以更清楚地了解自己的兴趣、特长和价值观，从而更好地规划未来的职业和发展方向。同时，与不同地区和文化背景的人交往也可以让大学生更全面地认识社会和人的多样性，从而更加包容和理解不同的观点和行为方式。这种自我认知和价值观的塑造有助于大学生成为具有独立思考能力和判断能力的优秀人才。通过担任团队领导或承担特定职责，大学生也可以锻炼自己的领导力和组织协调能力。这些能力对于未来的职业发展具有重要意义。

(6) 培养耐心和韧性：暑期支教项目通常持续数周甚至数月，需要大学生在相对较长时间内投入大量的精力和时间。这种经历可以培养大学生的耐心和韧性。在支教过程中,大学生需要克服各种困难和挑战,尤其是在语言沟通、环境适应、教学方法等方面。通过不断尝试和努力,大学生可以学会坚持和克服困难,从而培养更为坚韧和执着的品质。这种耐心和韧性的培养对于大学生在未来的工作和生活中应对挫折和困难具有重要的积极影响。

(7) 增强社会适应能力:暑期支教项目为大学生提供了一个不同于校园的社会环境。通过参与支教,大学生可以接触不同的人群、文化和价值观念,从而增强他们的社会适应能力。在支教过程中,大学生需要与当地居民、学生和教师进行互动和交流,这有助于他们了解和适应不同的社交方式和文化习惯。这种社会适应能力的增强有助于大学生在未来的学习和工作中更好地融入社会、适应环境和与他人合作。

(8) 实现自我成长和提升反思能力:暑期支教项目是一个充满挑战和成长机会的过程。通过参与实践、面对问题、与他人合作,大学生可以不断反思自己的行为和表现,总结经验教训,从而实现自我成长。在支教过程中,大学生可以发现自己擅长和不足的方面,从而更有针对性地学习和提升自己。同时,与不同背景的人交往和合作也可以让大学生从他人身上学到更多的优点和经验,从而丰富自己的人生阅历。这种自我成长和反思能力的提升有助于大学生在未来的学习和职业生涯中更好地发展自己、实现自我价值。

(9) 培养爱心和关注他人的品质:暑期支教项目是一个充满爱心的公益活动,通过为贫困地区的孩子提供教育支援和促进文化传播,大学生可以感受到自己的行动给他人带来的帮助和改变。这种经历可以培养大学生关注他人的品质和爱心,让他们更加珍惜自己的生活并愿意为他人付出。通过与当地学生、教师和社区居民的交流互动,大学生可以了解不同地区和群体的困境和需求,从而激发他们为他人着想、帮助他人的热情和动力。这种爱心和关注他人的品质对于大学生的人际关系和社会责任感的培养都具有积极的影响。

(10) 促进个人成长和发展:暑期支教项目是一个充满挑战和成长机会

的过程。通过参与实践、面对问题、与他人合作，大学生可以不断发现自己的潜力和能力，从而促进个人成长和发展。在支教过程中，大学生需要承担不同的任务和角色，这有助于他们锻炼自己的能力和提升自信心。同时，与不同背景的人交往和合作也可以让大学生从他人身上学到更多的优点和经验，从而拓宽自己的视野和知识面。这种个人成长和发展对于大学生未来的学习和职业生涯都具有重要的积极影响。

综上所述，大学生社会实践和暑期支教项目的普及和发展对于提升大学生的综合素质具有重要意义。通过参与暑期支教项目，大学生可以在实践中获得丰富的经验和成长机会，提升自己的知识水平、专业技能和人际交往能力。同时，暑期支教项目还有助于促进当地教育的发展和文化传承。对于教育机构、政策制定者和参与社会实践的大学生来说，深入了解暑期支教项目的效果和影响具有重要意义。

二、研究问题

在当前的暑期支教项目中，存在一些问题和挑战。首先，项目组织和管理的不规范是影响项目质量和效果的一个重要因素。有些项目缺乏明确的计划和目标，导致志愿者在到达支教地点后无法有效地开展教学工作。此外，一些项目的组织者缺乏对当地文化和教育需求的了解，导致教学内容和方法与当地实际情况脱节。其次，志愿者选拔和培训的不足也是影响暑期支教项目效果的一个重要因素。有些项目在招募志愿者时缺乏严格的筛选和培训机制，导致志愿者的教学能力和综合素质参差不齐。这不仅会影响教学效果，还可能给当地学生带来负面影响。此外，教学内容的不适宜也是暑期支教项目中常见的问题之一。有些项目的教学内容过于单一或过于复杂，缺乏针对性和适应性。这可能导致当地学生对学习失去兴趣，影响他们的学习效果。同时，教学方法的单一是另一个问题。有些项目的教学方法缺乏创新性和多样性，无法有效地吸引当地学生的注意力。

在本书中，笔者将大学生的成长定义为他们在参与社会实践中获得的能力、素质和心理变化。这些成长包括知识水平的提高、技能的提升、价值观的转变、社会交往能力的增强、同理心和责任感的提升等。例如，通过参与暑期支教项目，大学生可以接触不同的教育理念和文化背景，这有助于拓宽他们的视野和增强对不同文化的理解。此外，在项目实施过程中，大学生需要具备一定的教学技能和沟通能力，这有助于提高他们的相关技能和人际交往能力。同时，通过与当地学生和教师的交流和互动，大学生可以深入了解当地的文化和生活方式，从而增强他们的社会交往能力和同理心。

本书的研究问题是社会实践如何促进大学生成长。此外，本书还将探讨影响大学生在社会实践中成长的关键因素，包括个人特质、实践经验、团队氛围、教学环境、项目组织和支持等。大学生的个人特质如自尊心、自信心和自律性等会对他们在社会实践中的成长产生影响。具备较高自尊心和自信心的大学生更有可能积极地参与到社会实践中，并勇于面对挑战和困难。同时，自律的大学生能够更好地管理自己的时间和精力，充分把握实践机会。通过参与社会实践，大学生可以获得丰富的实践经验。这些经验可以帮助他们了解实际工作环境和要求，提高自己的专业技能和实践能力。同时，实践经验还能够帮助大学生认识自己的优势和不足之处，从而不断完善自己。

暑期支教项目作为一种社会实践活动，适合作为本书的研究对象。在暑期支教项目中，大学生需要与团队成员共同合作和交流。团队氛围的好坏直接影响着大学生的成长和发展。一个积极向上的团队氛围可以激发大学生的潜力和创造力，促进彼此学习和成长。此外，教学环境的好坏也直接影响到大学生的学习效果和成长。良好的教学环境可以提供充足的教学资源和设施，帮助大学生更好地开展教学活动。同时，良好的教学环境还可以提供更多的学习和交流机会，促进大学生的综合素质提升。

大学生参与暑期支教项目的动机是复杂多样的。一方面，他们可能受到社会责任和公益意识的驱使，希望通过支教活动为农村地区的教育事业作出贡献。另一方面，暑期支教项目也提供了大学生自我发展和成长的机会。通过与不同背景的人交流和合作,大学生能够提升自己的社会交往能力和同理心。此外,一些大学生可能还希望通过参与支教活动,丰富自己的学习和生活经历,增加实践经验和技能。然而,在参与暑期支教项目的程度方面,不同的大学生之间可能存在差异。一些大学生可能只是被动地接受项目安排,缺乏主动性和积极性。而另一些大学生则可能更加投入,不仅认真完成教学任务,还积极参与团队的讨论和活动。这种参与程度的不同可能会对大学生在暑期支教项目中的成长产生影响。

然而,暑期支教项目对大学生个人成长的影响并非总是积极的。有些大学生可能会在项目中遇到挑战和困难,例如环境的变化、与当地学生和教师的矛盾等。这些挑战有助于促进大学生的自我反思和成长,但也可能给他们带来压力和困扰。此外,项目的组织和管理情况也会对大学生的成长产生影响。一个组织得当的项目可以提供良好的教学环境和支持,促进大学生的成长和发展。相反,项目组织不力可能会导致教学质量的下降和大学生的不满。

大学生对暑期支教项目的评价与反馈是评估项目质量和效果的重要方面。他们对项目的评价主要基于对项目组织、教学内容、教学方法、团队氛围等方面的感受和体验。了解大学生的评价与反馈有助于更好地了解项目的优点和不足之处,从而为改进和完善项目提供依据。同时,大学生的评价与反馈还可以为教育机构和政策制定者提供参考。他们可以从中了解大学生对暑期支教项目的期望和需求,从而制定出更加符合大学生需求和期望的政策和计划。

三、研究目的及研究内容

(一)研究目的

本书以暑期支教项目——南孔学堂为例,旨在探讨暑期支教项目对大学生成长的促进作用。通过分析暑期支教项目的普及和发展历程，以及其对大学生在社会责任感、公民意识、团队协作能力、实践能力和文化自信等方面的促进作用，本书可以为推动暑期支教项目的发展和完善提供理论支持和实践指导。

具体来说，本书主要通过以下方式实现这一目的：第一，描述暑期支教项目的普及程度和现状，包括其在全国范围内的开展情况以及覆盖的地区和人群。收集和分析相关数据有助于了解目前暑期支教项目在规模、参与人数、持续时间、活动内容等方面的情况。第二，以南孔学堂为例，分析暑期支教项目对大学生成长的促进作用。本书通过访谈、问卷调查等方法收集大学生对暑期支教项目的反馈和评价，了解他们在社会责任感、公民意识、团队协作能力、实践能力和文化自信等方面的收获和成长。同时，本书还将分析这些成长和收获如何影响大学生在未来的学习和职业生涯中的发展。第三，基于上述分析，提出推动暑期支教项目发展和完善的建议，例如如何更好地设计和实施项目、如何提高实践效果和影响力等。

总的来说，本书的研究目的是深入探讨暑期支教项目对大学生成长的促进作用，并为推动暑期支教项目的发展和完善提供理论支持和实践指导，推动相关领域研究的发展。

（二）研究内容

本书通过对南孔学堂暑期支教项目的分析，探讨大学生在社会实践中如何实现个人成长。具体研究内容包括以下几个方面。

第一，大学生在实践中的角色与责任。在南孔学堂暑期支教项目中，大学生扮演着多重角色，包括教师、负责人、志愿者等。他们需要承担起教学、组织活动、提供心理支持等责任。通过这些角色的扮演和责任的承担，大学生可以培养自己的沟通能力、领导能力和解决问题的能力。

第二，大学生在实践中的学习与成长。在南孔学堂暑期支教项目中，大学生需要面对各种挑战和困难，如语言障碍、文化差异、生活适应等。通过解决这些问题，大学生可以锻炼自己的适应能力和应变能力，同时也可以学到不同地区和民族的文化知识。此外，大学生还可以通过与其他志愿者和当地教师的交流与合作，拓宽自己的视野和丰富自己的经验。

第三，个人成长与社会贡献的双重实现。南孔学堂暑期支教项目不仅关注学生的教育需求，还注重培养志愿者的社会责任感和领导能力。大学生通过参与该项目，可以实现个人成长和社会贡献的双重目标。他们可以接触不同地区和文化背景的人，培养自己的全球视野和社会责任感；同时也可以为贫困地区的学生提供教育支援和促进文化传播，推动当地的教育和经济发展。这种双重实现可以为大学生未来的职业发展和人生规划打下坚实的基础。

大学生在社会实践中可以通过扮演多重角色、解决挑战与困难、交流与合作等方式实现个人成长。为了更好地促进大学生在社会实践中实现个人成长，以下几种方式值得关注。第一，强化角色定位与责任意识：在实践活动中，明确大学生的角色与责任，强化他们的责任意识。角色定位和责任分配可以让大学生意识到自己的重要性和价值，从而激发他们的积极性和创造力。第二，增强实践环节与体验式学习：加强实践环节的设计和实施，让大学生在实践中得到更多的体验式学习机会。通过亲身经历，大学生可以更好地理解和掌握知识和技能，提高自己的综合素质和能力水平。第三，拓展跨地域与跨文化交流合作：鼓励大学生参与跨地域和跨文化的交流合作活动，让他们接触不同地区和文化背景的人和事，拓展视野和经验。通过跨地域和跨文化的交流合作，大学生可以增强自己的多元文化意识和跨文化沟通能力。第四，发挥指导教师的作用：指导教师在社会实践活动中具有重要的作用。他们应该为大学生提供必要的指导和支持，帮助他们解决实践中的问题与困难。同时，指导教师还要关注大学生的心理状态和情感体验，及时给予关心和支持。第五，加强实践项目的系统性与延续性：为了更好地促进大学生在社会实践中实现个人成长，需要加强实践项目的系统性和延续性。设计科学合理的实践项目，让大学生在不同的阶段得到不同的锻炼和提高；同时还要关注实践成果的延续性，为大学生未来的发展提供更多的支持和帮助。第六,培养大学生自主学习与自我管理能力:在实践活动中,大学生需要具备自主学习和自我管理的能力。通过自主学习和自我管理,大学生可以提高自己的学习能力和综合素质,为未来的职业发展打下坚实的基础。第七,重视反馈与反思:在实践活动中,大学生需要关注反馈与总结反思。大学生需要通过反思自己在实践中的不足之处,及时调整自己的行为和态度;同时还要关注他人的反馈和建议,虚心接受批评和指导,从而不断提高自己的能力和素质。通过关注反馈与总结反思,大学生可以更好地认识自己、提高自己,实现个人成长。

四、研究意义

本书的研究意义主要体现在以下三个方面。

(一) 理论意义

1. 完善大学生成长与发展理论体系

社会实践作为大学生成长过程中的重要环节,其影响和作用机制在现有的大学生成长与发展理论体系中尚未得到充分的探讨和阐述。本书通过实证方法,深入剖析社会实践如何作用于大学生的个人成长,有助于完善这一理论体系,使其更加全面、系统和科学。通过对社会实践与大学生成长关系的深入研究,本书能够揭示社会实践在大学生成长过程中的具体作用和影响,为大学生成长与发展理论提供更为丰富和具体的实证支撑。

2. 拓展高等教育学的研究领域

高等教育学作为研究高等教育现象和规律的学科,其研究领域涵盖了高等教育的各个方面。然而,在大学生社会实践与成长关系方面,相关的高等教育学研究相对较少。本书以大学生社会实践为切入点,探讨其对大学生成长的影响和作用机制，有助于拓展高等教育学的研究领域，丰富其研究内容。本书强调了社会实践在高等教育中的地位和作用，为高等教育改革和发展提供更为科学的理论支撑和实践指导。

3. 推动跨学科研究的深入发展

社会实践是一个涉及多个学科领域的活动，包括教育学、社会学、心理学等。本书通过跨学科的研究方法，整合了不同学科的理论和工具，有助于推动跨学科研究的深入发展。这种跨学科的研究方式不仅可以促进不同学科之间的交流和融合，还可以为大学生成长问题的全面解决提供更为坚实的理论支撑。

4. 深化对社会实践功能的认识

社会实践作为高等教育的重要组成部分，其功能和作用在现有研究中尚未得到充分的认识和阐述。本书通过实证方法，深入剖析社会实践如何促进大学生成长，有助于深化对社会实践功能的认识。本书凸显了社会实践在大学生成长过程中的重要作用和价值，为高校和社会组织更好地开展社会实践活动提供理论支持和实践指导。同时，本书也有助于提高大学生对社会实践的认识和重视程度，促进他们更加积极地参与社会实践活动。

（二）实践意义

1. 引领高校社会实践工作的创新与优化

本书通过实证研究，揭示了社会实践对大学生成长的积极作用及其具体表现，为高校社会实践工作的组织、实施和评估提供了科学依据。高校可以根据本书，结合自身的实际情况，调整和完善社会实践活动的方案和计划，使社会实践活动更加符合大学生的成长需求，提高社会实践活动的针对性和实效性。此外，本书还可以帮助高校识别社会实践活动中的问题和挑战，并针对性地提出改进措施。例如，针对社会实践活动中存在的安全问题、资源不足等问题,高校可以加强安全管理、增加资源投入等,以确保社会实践活动的顺利进行和取得更好的效果。

2. 激发大学生参与社会实践的积极性与主动性

通过实证研究,本书可以揭示社会实践对大学生个人成长的具体促进作用,如提升技能、增强社会责任感、促进人格发展等。这些发现有助于激发大学生参与社会实践的积极性和主动性,使他们更加愿意参与各种社会实践活动,并在实践中不断成长和进步。同时,本书还可以为大学生提供具体的实践案例和成功经验,帮助他们了解社会实践的重要性和价值,并引导他们将个人发展与社会需求相结合,为构建和谐社会贡献青春力量。

3. 为相关政策的制定提供理论依据

本书可以为相关政策的制定提供理论依据。例如,教育部门可以根据本书制定更加科学、合理的社会实践政策,以更好地促进大学生的成长和发展。同时,高校也可以根据本书调整和完善社会实践活动的方案和计划,提高社会实践活动的针对性和实效性。这些政策的制定和实施将有助于更好地发挥社会实践在大学生成长过程中的作用和价值。

(三) 案例研究的意义

1. 搭建实证研究与理论分析的桥梁

案例研究作为一种实证研究方法,能够将具体的社会实践案例与理论分析相结合。通过对衢州学院暑期支教项目南孔学堂这一具体案例的深入剖析,本书提炼出一般性的规律,为理论分析提供丰富的实证基础。这种结合使得理论研究更加贴近实际,具有更强的解释力和预测力。

2. 揭示复杂现象背后的微观机制

案例研究有助于揭示复杂现象背后的微观机制。在对衢州学院暑期支教案例的分析中，本书详细描述和分析了支教活动的组织、实施过程，以及参与者的行为、态度和情感变化等微观层面。这些微观层面的数据能够为理解支教活动如何影响大学生成长提供重要的线索，帮助研究者揭示现象背后的复杂机制。

3. 提供丰富的实践经验和启示

案例研究能够提供丰富的实践经验和启示。通过对衢州学院暑期支教案例的深入分析，本书总结出成功的支教经验和教训，可以为其他高校和社会组织提供有益的借鉴和参考。这些实践经验不仅有助于改进和优化支教活动，还能够为其他社会实践活动提供重要的启示和指导。

4. 增进对特定情境下社会现象的理解

案例研究通常关注特定情境下的社会现象，这使得研究者能够深入理解和解释这些现象在特定情境下的具体表现和影响。本书通过对衢州学院暑期支教案例的研究，关注支教活动在特定地区、特定学校、特定学生群体中的具体表现和影响，从而增进对这些特定情境下社会现象的理解。这种理解对于制定具有针对性的政策和措施具有重要意义。

5. 启发未来研究方向与策略

案例研究不仅能够揭示现有现象和问题，还能够启发未来的研究方向和策略。通过对衢州学院暑期支教案例的深入分析，本书发现了大学生社会实践领域的新问题和新方向，可以为未来的研究提供有价值的参考。同时，本书还提出了具有针对性的策略和建议，可以为相关领域的实践提供指导。这些策略和建议对于推动相关领域的发展和创新具有重要意义。

第二章

理论基础

在本章中,笔者主要介绍两大理论:大学生成长理论与实证研究理论。其中,大学生成长理论主要介绍认知发展理论、人格发展理论、社会学习理论、情感教育理论、自我效能理论以及国内外大学生成长研究现状。实证研究理论主要介绍实证研究的概念、实证研究的方法、国内外实证研究的现状、关于大学生暑期社会实践的实证研究现状、实证研究在本书中的具体应用等。

一、大学生成长理论

(一) 认知发展理论

认知发展理论是心理学领域中的一个重要理论,探讨了人类认知能力的发展和变化。该理论认为,个体的认知发展是一个不断变化和深化的过程,包括对知识的获取、处理和应用。大学生正处于认知发展的关键阶段,社会实践可以促进他们的认知发展,提高他们的思维能力和判断力。

认知发展理论认为,个体的认知发展可以分为不同的阶段,每个阶段都有其特定的特点和任务。大学生正处于认知发展的最后阶段,即形式运算阶段。在这个阶段,大学生的思维更加抽象、灵活和开放,能够进行假设、推理等。

社会实践对大学生的认知发展具有积极的促进作用。具体来说,社会实践可以提供以下机会和挑战:第一,丰富知识领域和层次。大学生通过社会实践,可以接触更广泛的知识领域和更深入的知识层次。这些知识可能来自不同的学科、文化和社会背景,可以激发他们的学习兴趣和求知欲。第二,提高思维能力和判断力。社会实践为大学生提供了各种问题和挑战,需要他们运用所学的知识和技能去解决。这种解决问题的过程可以提高他们的思维能力、沟通能力和解决问题的能力;同时,社会实践还可以让大学生学会评估和判断信息的质量和可靠性,提高他们的判断力。第三,促进认知灵活性。社会实践可以让大学生学会从多个角度看待问题,形成更加全面和深入的认识。这种认知灵活性可以帮助他们更好地适应不断变化的社会环境和任务要求。最后,培养创新精神和实践能力。社会实践是一个探索和创新的过程。大学生通过参与社会实践,可以培养自己的创新精神和实践能力,将理论知识转化为实际应用。

认知发展和社会实践是相互影响、相互促进的。一方面,大学生的认知发展受到社会实践的影响和促进;另一方面,大学生的认知发展又反过来影响他们参与社会实践的方式和效果。这种相互影响和促进的关系可以帮助大学生更好地适应社会、服务社会,实现自我价值和社会价值的统一。

总之,认知发展理论强调了大学生的认知发展是一个持续的过程,大学生需要不断地学习、反思和实践。通过参与社会实践,大学生可以促进自己的认知发展,提高自己的思维能力和判断力,培养自己的创新精神和实践能力。同时,社会实践还可以帮助大学生更好地适应社会、服务社会,实现自我价值和社会价值的统一。因此,鼓励大学生积极参与社会实践是促进他们认知发展的重要途径之一。

（二）人格发展理论

人格发展理论主要关注个体在人格特质、自我概念和自尊等方面的发展。该理论认为,个体的人格特质和价值观是在与他人的交往和互动中逐渐形成和发展的。大学生正处于人格发展的关键阶段,参与社会实践可以促进他们的人格发展,形成更加成熟和健康的人格特质和价值观。

人格特质是指个体相对稳定的行为方式和态度,是人格的重要组成部分。人格发展理论认为,个体的人格特质是在与他人的交往和互动中逐渐形成和发展的。大学生通过参与社会实践,可以与不同的人进行交往和合作。这种经历可以帮助他们了解自己和他人的优点和不足之处,从而逐渐形成更加成熟和健康的人格特质。

自我概念是指个体对自己的认知和评价,是个体自尊和自信心的重要基础。人格发展理论认为,个体的自我概念是在与他人的交往和互动中逐渐形成和发展的。大学生通过参与社会实践,可以更好地了解自己和他人的差异和相似之处,从而形成更加全面和准确的自我概念。同时,社会实践还可以让大学生体验到成功和失败,帮助他们建立自尊和自信心。

价值观是指个体对事物价值的判断和追求,是人格发展的重要方面。人格发展理论认为,个体的价值观是在与他人的交往和互动中逐渐形成和发展的。大学生通过参与社会实践,可以接触不同的文化和社会背景,了解不同的价值观和思想观念,从而逐渐形成更加开放和包容的价值观。同时,社会实践还可以让大学生体会到自己的行动对他人和社会的影响,激发他们的社会责任感和公民意识。

社会实践对大学生的人格发展具有积极的促进作用。具体来说,社会实践可以提供以下机会和挑战:第一,提供交往和合作的机会;第二,促进自我认知和自我反思;第三,培养社会责任感和公民意识;最后,提供挑战和成长的机会。总之,人格发展理论认为大学生在人格特质、自我概念和自尊等方面的发展是在与他人的交往和互动中逐渐形成和发展的。通过参与社会实践,大学生可以促进自己的人格发展,形成更加成熟和健康的人格特质和价值观。同时,社会实践还可以帮助大学生更好地适应社会、服务社会,实现自我价值和社会价值的统一。因此,鼓励大学生积极参与社会实践是促进他们人格发展的重要途径之一。

(三) 社会学习理论

社会学习理论主要关注个体如何在社会环境中学习和模仿他人行为。该理论认为,个体在社会实践中通过观察、模仿和实践,学习他人的行为和经验并将其转化为自己的知识和技能[①]。对于针对大学生的研究来说，社会学习理论尤其重要，因为大学生正处在从学生到社会人的过渡阶段，需要快速适应社会并掌握必要的知识和技能。

观察学习是指个体通过观察他人的行为来学习。大学生在参与社会实践时，可以观察他人的行为和做法，了解他人如何解决问题、如何与人交往等。这种观察可以帮助大学生了解自己和他人之间的差异和相似之处，从而更好地理解自己和他人的行为。

模仿学习是指个体通过模仿他人的行为来学习。大学生在参与社会实践时，可以通过模仿他人的行为和做法来学习新的知识和技能。这种模仿可以帮助大学生快速掌握新的技能和行为方式，同时也可以帮助他们更好地适应社会。

实践学习是指个体通过实践来学习。大学生在参与社会实践时，需要亲身实践并解决各种问题。这种实践可以帮助大学生深入了解自己和他人的行为和做法，发现自己的优点和不足之处，从而更好地改进自己的行为和技能。

社会实践对于大学生的社会学习具有积极的促进作用。具体来说，社会实践可以提供以下机会和挑战。

第一，提供观察和模仿的机会。大学生在社会实践中需要观察他人的行为，并通过模仿来学习新的知识和技能。这种观察和模仿可以帮助大学生更好地了解自己和他人的行为和做法。

第二，促进实践和应用。大学生在社会实践中需要亲身实践并解决各种问题。这种实践可以帮助大学生深入了解自己和他人的行为和做法，发现自己的优点和不足之处，从而更好地改进自己的行为和技能。

第三，培养适应社会的能力。大学生在社会实践中需要适应不同的社会环境和任务要求。这种适应能力可以帮助大学生更好地适应社会、服务

① 张爱景.复杂新产品开发中的知识整合研究[D].哈尔滨:哈尔滨工业大学,2014:1-70.

社会,实现自我价值和社会价值的统一。

第四,增强自我效能感和自信心。大学生通过观察、模仿和实践,可以掌握新的知识和技能,提高自我效能感和自信心。这种自我效能感和自信心的提高可以帮助大学生更好地适应社会、服务社会,实现自我价值和社会价值的统一。

总之,社会学习理论认为大学生可以通过观察、模仿和实践,掌握新的知识和技能并更好地适应社会。通过参与社会实践,大学生可以促进自己的社会学习,培养适应社会的能力,增强自我效能感和自信心。同时,社会实践还可以帮助大学生更好地了解自己和他人的行为和做法,发现自己的优点和不足之处,从而更好地改进自己的行为和技能。因此,鼓励大学生积极参与社会实践是促进他们社会学习的重要途径之一。

(四) 情感教育理论

情感教育理论强调了情感体验和情感教育在大学生发展中的重要地位。该理论认为,大学生通过参与各种活动和实践,可以培养积极的情感态度和良好的情感素养,同时也可以提高自己的人际交往能力和社会适应能力。

情感体验是大学生发展中的重要组成部分。通过参与各种活动和实践,大学生可以感受到积极的情感和责任感,如关爱、同情、助人为乐等。这些积极的情感体验可以帮助大学生更好地理解自己和他人的情感,培养自己的人际交往能力和社会适应能力。同时,积极的情感体验还可以激发大学生的内在动力和创造力,促进他们的个人成长和发展。

情感教育可以帮助大学生更好地理解和表达自己的情感,同时也可以提高他们的人际交往能力和社会适应能力。通过情感教育,大学生可以学会如何识别、表达、调控自己的情感,从而更好地与他人沟通和交往。此外,情感教育还可以帮助大学生更好地理解自己和他人的情感,提高自己的人际敏感度和情感素养,从而更好地适应社会。

社会实践对大学生的情感体验具有促进作用，社会实践是促进大学生情感体验的重要途径之一。具体来说，社会实践可以提供以下机会和挑战。

第一，提供情感体验的机会。大学生在社会实践中需要参与各种活动和实践，如志愿者活动、文化交流等。这些活动可以帮助他们体验积极的情感和责任感，从而培养他们的情感能力和情感素养。

第二，培养情感调控能力。大学生在社会实践中会面对各种挑战和困难，这需要他们学会如何调控自己的情感和情绪，从而保持积极的心态和情绪状态。

第三，促进自我认知和理解。大学生通过参与社会实践，可以更好地了解自己的优点和不足之处，从而更好地认识自己和理解自己。这种自我认知和理解可以帮助大学生更好地掌控自己的情感和情绪状态。

总之，情感教育理论认为大学生通过参与各种活动和实践，可以培养积极的情感态度和良好的情感素养，同时也可以提高自己的人际交往能力和社会适应能力。通过参与社会实践，大学生可以促进自己的情感体验，培养自己的情感能力和情感素养，增强自己的社会适应能力。因此，鼓励大学生积极参与社会实践是促进他们情感发展的重要途径之一。

（五）自我效能理论

自我效能理论是一种关注个体自我效能感和自信心的理论。该理论认为，个体的自我效能感和自信心对其行为和成就具有重要影响。对于大学生来说，自我效能感和自信心是他们学习和成长的重要动力和支撑①。

自我效能感是指个体对自己能力和技能的认知和评价。它是个体在完成任务和解决问题时所表现出的自信心和自我价值感。自我效能感的高低直接影响着个体的行为选择、努力程度以及面对困难时的坚持程度。

自信心是个体对自己能力和价值的认知和评价。它是个体在面对挑战

---

① 谌祖霞.冰雪运动参与者的心理特征及其对运动成就动机的影响研究[J].冰雪体育创新研究，2023(21)：4－6.

和困难时所表现出的勇气和坚定性。自信心强的个体更容易积极面对挑战,勇于尝试新事物,并能够在失败面前坚持不放弃。

社会实践对大学生自我效能感和自信心具有提升作用。社会实践是提升大学生自我效能感和自信心的重要途径之一。具体来说,社会实践可以提供以下机会和挑战。

第一,提供实践机会。大学生在社会实践中需要完成任务和解决问题,如支教活动中的教学任务、社区服务中的社区问题等。这些任务为大学生提供了实践机会,让他们在实践中锻炼自己的能力,提高自我效能感和自信心。

第二,增强自我认知。大学生通过参与社会实践,可以更好地了解自己的优点和不足之处,从而更好地认识自己和理解自己。这种自我认知可以帮助大学生更好地评价自己的能力和价值,提高自己的自信心。

第三,培养应对挑战的能力。大学生在社会实践中会面对各种挑战和困难,这需要他们学会如何应对和解决这些问题。这种应对挑战的能力可以帮助大学生更好地面对未来的挑战和困难,提高自我效能感和自信心。

第四,增强社会适应能力。大学生通过参与社会实践,可以接触不同的文化和社会背景,了解不同的价值观和思想观念,从而更好地适应社会、服务社会。这种社会适应能力可以帮助大学生更好地融入社会,实现自我价值和社会价值的统一。

第五,促进积极情绪体验。大学生在社会实践中通过完成任务和解决问题所获得的成功体验和积极反馈,可以激发他们的积极情绪和动机。这种积极情绪体验可以帮助大学生更好地保持自信心和积极性,促进他们的学习和成长。

总之,自我效能理论认为大学生通过参与社会实践可以提高自我效能感和自信心,进而促进自己的学习和成长。通过完成任务和解决问题,大学生可以锻炼自己的技能,增强自我认知,培养应对挑战的能力,增强社会适应能力以及促进积极情绪体验。这些都有助于提高大学生的自我效能感和自信心,并有助于他们在未来更好地适应社会、服务社会,实现自我价值和社会价值的统一。因此,鼓励大学生积极参与社会实践是提升他们自我效能感和自信心的重要途径之一。

在国内外,大学生成长研究主要从心理成长、社会性成长、学术成长和职业成长等方面展开。心理成长方面:国内外学者对大学生心理成长进行了深入研究,主要关注大学生的认知、情感、社交和自我发展。研究内容包括大学生认知发展特点、情绪调节能力、社交技能和自我效能等方面。这些研究采用了多种方法,包括问卷调查、实验研究、个案分析等,以深入了解大学生心理成长的规律和特点。同时,学者们也探讨了如何通过心理健康教育、心理咨询等方式促进大学生心理成长。社会性成长方面:社会性成长是大学生成长的重要方面之一,国内外学者对此进行了深入研究。研究内容包括大学生的社会适应、社会化过程和角色扮演等。这些研究探讨了大学生在社会适应能力、人际交往能力、自我概念和社会角色认知等方面的特点。此外,学者们也关注了大学生如何通过参与社会实践、志愿服务等方式促进社会性成长。学术成长方面:学术成长是大学生成长的重要组成部分,国内外学者对此也进行了广泛研究。研究内容包括大学生的学术能力、学术道德和学术素养等方面。学者们探讨了大学生的学习特点、学习策略和学术道德等问题,同时也关注了如何通过教育改革、课程设置等方式促进大学生学术成长。职业成长方面:职业成长是大学生成长的重要方面之一,国内外学者对大学生的职业成长进行了深入研究。研究内容包括大学生的职业规划、职业发展和就业等。学者们探讨了大学生的职业兴趣、职业能力和就业竞争力等问题,同时也关注了如何通过职业规划课程、实习和实践等方式促进大学生职业成长。此外,国内外学者还对大学生成长的影响因素进行了深入研究,包括个体因素(如性别、性格、家庭背景等)和环境因素(如学校教育质量、社会文化等)。这些研究有助于深入了解大学生成长的规律和特点,为制定有针对性的教育策略提供理论支持。

总的来说,国内外关于大学生成长的研究涉及多个方面,并从不同角度探讨了大学生的心理成长、社会性成长、学术成长和职业成长等问题。然而,学界仍需要进一步深化和完善这些理论,特别是在影响因素和实施策略方面，需要更加深入地探讨和研究，以提供更加具体、有效的指导和支持。

二、实证研究理论

实证研究主要基于经验主义和实证主义。经验主义是一种哲学观点，认为人类的知识来源于对经验世界的观察和实验。根据经验主义，人类的认识和理解能力是建立在直接观察和感性经验的基础上的。经验主义哲学家认为，只有通过感官经验，人们才能真正获得对世界的认识和理解。因此，实证研究就是基于经验主义哲学的一种研究方法，通过收集和分析现实世界的观察数据和实验数据来探究现象的本质和规律。

实证主义同样是一种哲学观点，强调对社会现象进行类似于自然科学那样的研究，并且倡导用自然科学的概念和方法去建立一门与自然科学具有同样研究法则的社会科学①。实证主义认为，社会现象和自然现象一样，都是客观存在的，并且可以通过观察和实验来探究其本质和规律。同时，实证主义还强调用科学的方法来研究社会现象，即通过收集和分析现实世界的观察数据和实验数据来得出结论。

在实证研究中，研究者通常采用观察、实验、调查等方法来收集数据，并运用统计分析等手段对数据进行处理和分析。通过这些方法，研究者可以得出对现实世界的客观认识和规律性认识。这种研究方法可用于揭示现象背后的规律和因果关系，为制定政策和措施提供科学依据。

总之，实证研究的哲学基础主要是经验主义和实证主义。这种研究方法强调对现实世界的观察和实验，并运用科学的方法来得出结论。通过实证研究，我们可以更好地理解社会现象的本质和规律，为制定有效的政策和措施提供科学依据。

在国外，实证研究已经得到了广泛的应用和发展。在社会科学领域，实

① 阙祥才. 实证主义研究方法的历史演变[J]. 求索，2016(4)：71－76.

证研究已经成为一种主流的研究方法，被广泛应用于社会学、心理学、经济学、政治学等领域。例如，在社会学中，实证研究被用于研究社会结构、社会行为、社会心理、社会变迁等方面的问题；在心理学中，实证研究被用于研究人类认知、情感、动机、行为等方面的问题；在经济学中，实证研究被用于研究市场机制、经济增长、通货膨胀、失业等方面的问题；在政治学中，实证研究被用于研究政治制度、政治行为、国际关系等方面的问题。

在国内，实证研究也得到了越来越多的关注和应用。随着中国经济的快速发展和社会的变迁，越来越多的学者开始采用实证研究方法来研究各种社会现象和问题。例如，在教育学领域，实证研究被用于研究教育质量、教育公平、学生心理等方面的问题；在管理学领域，实证研究被用于研究组织行为、领导力、人力资源管理等方面的问题；在医学领域，实证研究被用于研究药物治疗、疾病预防、健康管理等方面的问题。

总的来说，实证研究在国内外都得到了广泛的应用和发展。随着科学技术的不断进步和社会的不断发展，实证研究的方法和技术也在不断更新和完善，以更好地适应各种复杂的社会现象和问题。

此外，不少学者对大学生暑期社会实践进行实证研究。一些学者通过实证研究发现，参与暑期社会实践的大学生更容易获得深度参与和实际操作的经验，从而更好地理解行业内部的运作方式和职业要求。这种经验能够帮助学生调整职业期望，更好地了解自己适合的职业领域。同时，暑期社会实践还可以帮助学生建立专业网络，扩大人脉资源，从而获得更多的职业机会和信息。此外，一些研究还发现，参与暑期社会实践可以帮助学生更好地了解自己的兴趣和优势。通过在实际工作中展示自己的才能和技能，学生可以发现自己的潜力和兴趣所在，从而更有针对性地选择自己的职业方向。同时，暑期社会实践还可以帮助学生了解就业市场的趋势和需求，从而更好地规划自己的职业发展路径。

在学习和成长方面，实证研究发现，参与暑期社会实践的大学生更容易将在学校学到的理论知识应用到实际工作中。这种应用能够加深学生对理论知识的理解和记忆，提高其学习效果。此外，实证研究还发现，参与暑期社会实践的大学生更容易培养独立思考和解决问题的能力，从而更好地适应不断变化的社会环境。同时，暑期社会实践还可以培养学生的批判性思维和创造性思维。在解决实际问题的过程中，学生需要运用批判性思维进行分析和判断，找到最佳解决方案。而创造性思维则可以在实际工作中激发学生的创新意识和创新能力，帮助他们更好地适应未来的职业发展①。

在培养社会责任感方面，实证研究发现，参与暑期社会实践的大学生更容易了解社会的复杂性。这种了解能够帮助学生更好地理解社会问题并培养解决实际问题的能力。同时，暑期社会实践还可以让学生意识到自己的社会责任和义务，从而更有动力去为社会作出贡献。此外，实证研究还发现，参与暑期社会实践的大学生更容易培养志愿服务精神和领导力，从而为社区和社会的建设作出贡献。同时，参与暑期社会实践可以增强大学生的社会适应能力。通过与不同背景的人合作、交流和互动，学生可以拓宽视野并提高跨文化交流能力。这种经验能够帮助学生更好地适应多元化的社会环境，并为未来的职业发展做好准备。

在项目组织和管理工作方面，实证研究发现，有效的组织和管理能够提高暑期社会实践的效果和质量。具体而言，良好的招募、培训和管理机制可以确保学生得到充分的支持和指导，从而更好地完成实践活动。同时，保障学生的安全和权益也是组织和管理暑期社会实践的必要条件。此外，实证研究还发现，建立有效的评估和反馈机制可以帮助学生更好地了解自己的表现和不足之处，从而提高自己的实践能力和综合素质。同时，暑期社会实践还可以培养学生的团队合作能力和沟通能力。这些能力在未来的职业发展中非常重要，可以帮助他们更好地适应未来的职业环境②。

南孔学堂作为一项教育实践，实证研究在其发展中具有必要性。首先，实证研究可以帮助南孔学堂实现其教育目标。南孔学堂旨在弘扬南孔文化，建设有礼溪口，实现优质教育资源调配，促进城乡教育协调发展。通过

---

① 丁志强.初中“人工智能+整合课程”体系的建构[J].新课程研究，2023(19):42-44.
② 丁志强.初中“人工智能+整合课程”体系的建构[J].新课程研究，2023(19):42-44.

实证研究,可以了解学生的需求、兴趣、学习方式和效果,从而帮助南孔学堂项目成员调整和优化课程设置,更好地实现教育目标。其次,实证研究可以为南孔学堂提供科学依据和改进方向。通过观察、调查、实验等方法,可以收集和分析相关数据,了解学生的学习情况和行为变化,以及教师和学校的教育实践效果。这可以为南孔学堂提供科学依据和改进方向,提高教育质量和效果。最后,实证研究可以为南孔学堂的推广提供支持。南孔学堂的成功实践可以为其他地区和学校提供借鉴和参考。通过实证研究,可以总结南孔学堂的成功经验和实践模式,为其他地区和学校提供可复制、可推广的经验和模式。综上所述,实证研究在南孔学堂的发展中具有必要性,可以提供科学依据和改进方向,提高教育质量和效果,为南孔文化的传承和发展提供支持。

实证研究理论在本书中的具体应用:

(一) 研究假设与问题

研究假设:大学生参与社会实践与其个人成长之间存在正相关关系。

研究问题:社会实践如何有效促进大学生成长。

(二) 研究模型和框架

本书以大学生成长理论为理论基础,认为社会实践为大学生提供了一个真实的环境,使他们在这一环境中通过互动和体验,促进认知、情感和行为的发展。同时,本书预测参与社会实践的大学生将表现出更高的自主性和成长动机,从而进一步推动其个人成长。

(三) 样本来源与选择

本书的样本来源于“衢州学院大学生库”和南孔学堂项目。首先,选择南孔学堂学员作为样本 1,共计 67 人。其次,从“衢州学院大学生库”中随机抽取 310 名大学生作为样本 2,选择标准包括:在过去一年内参与过至少一次社会实践、年龄在18～24岁之间、来自不同学科背景。最后，选择南孔学堂项目成员作为样本3，共计34人。

（四）数据采集方式与分析方法

调查问卷：本书共设计三份调查问卷。第一份电子调查问卷针对2023年参加南孔学堂的小学生，内容涵盖上课体验感、课程喜好度及收获等。第二份电子调查问卷在衢州学院全校范围内发放，内容涵盖社会实践内容、成长表现及感受等。第三份电子调查问卷针对所有参与南孔学堂实践的大学生，内容同样涵盖南孔学堂实践内容、对南孔学堂实践项目的感受、在南孔学堂的成长表现等。最终，分别收到有效问卷67份（针对样本1）、306份（针对样本2）和34份（针对样本3）。

访谈法：本书还通过访谈法，深入了解社会实践对大学生成长的影响。访谈对象包括南孔学堂的创始人董丽佳（衢州学院19级商务英语毕业生，现就职于某银行衢州市分行）、她的班主任、任课老师、同学、南孔学堂其他同学、外国语学院辅导员兼南孔学堂负责人窦高杰老师、某银行衢州市分行业务主管、南孔学堂的学员和家长、溪口群众。

数据分析方法：本书使用SPSS软件对收集到的问卷数据进行描述性统计分析，以了解样本的基本特征。同时，本书通过回归分析，探讨社会实践与大学生成长之间的具体关系。

通过上述数据采集方式和分析方法，本书旨在揭示社会实践对大学生成长的积极影响，并为相关教育实践提供实证支持。

第三章

南孔学堂支教项目概述

基于第二章对理论基础的介绍，笔者在本章中介绍了南孔学堂支教项目。

首先，介绍南孔学堂项目背景与创办理念。南孔学堂项目是衢州学院对衢州市龙游县溪口镇进行教育帮扶的项目，让溪口镇小学生能安全、有趣、充实地度过周末及暑假；同时，参加实践项目的大学生通过该项目能增强自身的实践能力、社会适应能力、交际能力与表达能力，全面提升自身的综合素养。

其次，阐述南孔学堂办学宗旨。为弘扬中华优秀传统文化，培养山区儿童的创新精神和实践能力，南孔学堂以“弘扬南孔文化”为宗旨，以南孔特色国学课堂、素质拓展及亲子课程、儿童教育和地方特色文化课程等为重点课程，旨在为山区儿童提供一个展示自我的平台，让山区学生在自信中成长，实现德智体美劳全面发展。

再次，阐述南孔学堂项目办学目标：弘扬儒学文化、促进农村教学发展、提升大学生综合素质、服务农村经济振兴。

最后，阐述南孔学堂项目教学设计、南孔学堂项目课程内容、南孔学堂项目运作模式与实施流程。

一、南孔学堂项目背景与创办理念

首先，从宏观经济和社会结构的角度来看，城市化的快速发展导致了大量的农村劳动力向城市转移。在这一过程中，很多农村家庭因为父母外出务工，成为了“留守儿童”家庭，孩子们在成长过程中缺乏父母的陪伴和关爱，教育问题也随之凸显出来。特别是在暑假期间，很多农村小学生因为家庭原因或者学校条件限制，无法像城市孩子一样参加各种夏令营或者培训班，这导致他们的暑假生活相对单调，缺乏丰富多样的学习体验。其次，教育资源在农村地区的分布也呈现出明显的不均衡。在很多偏远山区或者经济不发达的地区，学校设施落后，师资力量薄弱，课程设置单一，这使得孩子们难以接触到高质量的教育。而城市优质的教育资源又往往集中在少数的名校，农村孩子想要通过努力获得更好的教育机会也面临着诸多困难。这种教育资源的差距不仅影响了农村孩子的学习质量，也在一定程度上扩大了城乡之间的教育鸿沟。再者，农村小学生暑假期间的安全问题也是一个不容忽视的问题。在很多农村地区，特别是山区和水域附近，因为地理环境、安全意识等方面的原因，孩子们在暑假期间容易发生溺水、交通事故等安全事故。这不仅给孩子们的生命安全带来了威胁，也给家长和社会带来了巨大的心理压力和负担。因此，如何在暑假期间保障农村小学生的安全也成为了一个亟待解决的问题。

在这一背景下，大学生普遍意识到了社会实践的重要性并积极参与暑期支教项目。通过参与暑期支教项目，大学生可以深入了解农村地区的实际情况和孩子们的需求，将所学知识运用到实际工作中去，帮助他们解决实际问题。同时，大学生也可以通过社会实践增强自身的社会责任感和使命感，提升自己的实践能力和综合素质①。这对于大学生的个人成长和未来的职业发展都具有重要的意义。

南孔学堂项目是衢州学院对衢州市龙游县溪口镇进行教育帮扶的项目，让溪口镇小学生能安全、有趣、充实地度过周末及暑假；同时，参加实践项目的大学生通过该项目能增强自身的实践能力、社会适应能力、交际能力与表达能力，全面提升自身的综合素养。

“教育是国之大计、党之大计”。党的十八大以来，以习近平同志为核心

① 孙亚杰.高职院校思想政治理论课教学途径探析[J].文教资料，2013(30)：157－158.

的党中央高度重视教育事业，把教育摆在优先发展的战略位置①②③。2022年，党的二十大隆重召开，并对教育工作作出了一系列重要部署和重要决策，提出了一系列新理念、新思想、新观点，推动教育事业取得历史性成就，使教育面貌发生格局性变化④。

2023年1月12日全国教育工作会议在北京召开。会议强调，要以习近平新时代中国特色社会主义思想为指导，紧紧围绕深入学习贯彻党的二十大精神这条主线，认真贯彻落实习近平总书记关于教育的重要论述，深刻领悟“两个确立”的决定性意义，增强“四个意识”、坚定“四个自信”、做到“两个维护”，坚持稳中求进工作总基调，坚持和加强党对教育工作的全面领导，全面贯彻党的教育方针，落实立德树人根本任务，以教育强国建设为目标，以全面提高人才自主培养质量为重点，加快建设高质量教育体系，办好人民满意的教育，开辟发展新领域新赛道，不断塑造发展新动能新优势，为实施科教兴国战略、强化现代化建设人才支撑奠定坚实基础，为全面建设社会主义现代化国家、全面推进中华民族伟大复兴作出新贡献。

教育系统坚持从政治上看教育、从民生上抓教育、从规律上办教育，着力把习近平总书记关于教育的重要论述有效转化为发展导向、政策举措和工作方法，推动教育事业取得新进步，各项工作有新成效⑤⑥⑦⑧。当前，在“两个大局”时代背景下，教育事业发展又站在了历史新起点，面临新的课题和挑战。衢州教育也紧跟党的步伐，近年来，始终坚持“忠诚办教、大爱育

---

① 刘志斌.“研本1+1”互动式教育管理模式的探索与实践研究：以山东省A大学理学院为例[J].改革与开放，2020(18)：105－108.

② 方素菊.更好的教育惠及更多孩子[N].河北日报，2021－06－19(3).

③ 田敬瑜.坚持党的全面领导是做好教育工作的根本保证[J].河北教育(综合版)，2022(11)：14－16.

④ 陈晓军.从“三个务必”论新时代教育事业的政治担当[J].宁夏教育，2023(4)：6－9.

⑤ 李奕.以高质量党建引领民办教育转型发展[J].北京支部生活，2022(1)：68－69.

⑥ 编辑部.2023年全国教育工作会议召开[J].中小学信息技术教育，2023(Z1)：158.

⑦ 陈晓军.从“三个务必”论新时代教育事业的政治担当[J].宁夏教育，2023(4)：6－9.

⑧ 周天明.在新型教育智库建设中强化有组织科研[J].中国高等教育，2023(Z2)：24－27.

人"的价值理念，紧紧围绕加快"教育建设现代化，提升教育满意度"的奋斗目标，主动担当，以多元化发展力促教育均衡，实现教育质量稳步提升。教育水平的高低其实同地方经济水平也息息相关，两者一旦不平衡，就会产生负面的影响。在浙江省近些年公布的共同富裕示范区建设首批试点中，衢州市入选打造精神文明高地领域试点，而龙游县也已入选缩小地区差距领域试点①。因此，龙游县在取得经济成效的同时，也需要紧抓教育，这样才能实现物质精神双丰收。

2020年10月，衢州学院与龙游县人民政府签订协议，共建"浙江未来乡村学院"，重点突出"山区共同富裕示范地建设、新时代省际文化高地建设、优质普惠教育先行地建设、实践课程校外拓展地建设"四个方面，旨在进一步发挥衢州学院人才优势，助力山区县共同富裕。项目以"龙南一镇三乡"中小学生实际需求为导向，免费开展非学科类课程培训，通过面向龙南中小学生开展调查问卷的形式，确定课程内容及开课时间，获得当地中小学生家长一致好评，切实让山区儿童享受到高校优质教育资源。根据需求，项目组成立了衢州学院教师＋本地衢州市龙游县中银小学教师＋衢州市实验学校教育集团教师＋地方政府指导＋衢州学院师范生的五维团队，在龙游溪口开展"南孔学堂"系列活动，推动具有衢州特色的南孔文化在偏远地区传播，让当地学生爱衢之文化，学衢之特色，带动学生德智体美劳多方面协同发展，同时提高地区教育水平。

南孔学堂成立于2021年，是衢州学院服务地方（龙游溪口）项目。为弘扬中华优秀传统文化，培养山区儿童的创新精神和实践能力，南孔学堂以"弘扬南孔文化"为宗旨，以南孔特色国学课堂、素质拓展及亲子课程、儿童教育和地方特色文化课程等为重点课程，旨在为山区儿童提供一个展示自我的平台，让山区学生在自信中成长，实现德智体美劳全面发展。

衢州市的未来社区建设稳步发展，受到了市民的广泛支持与关注。2020年9月18日，《衢州乡村未来社区指标体系与建设指南》新闻发布会暨

---

① 陈柳月. 打造精神文明高地 答好共同富裕考题[N]. 衢州日报，2022-05-27(7).

溪口乡村未来社区开园仪式在龙游县溪口镇召开。溪口镇政府对南孔学堂在未来社区的教育工作给予高度重视，建立了未来社区素养教育工作领导机构，致力于打造更加适应未来社区教育发展需要的管理队伍和师资队伍，以政府投入为主，确保社区教育经费投入。

（一）南孔学堂服务对象

截至 2023 年 7 月，溪口镇全镇人口为 22 154 人，60 周岁以上有 6 049 人，占比 27.3%，远高于老龄化标准，且溪口存在着大量留守儿童。此外，由于乡村教育条件、教师收入水平、人员体制、管理体制等因素制约了乡村教师队伍的结构调整，乡村教师整体素质偏低。“双减”政策后，儿童拥有足够的时间和精力去接触素养教育和体悟当地特色文化。因农村学校教学质量与教育需求之间的矛盾在农村地区日益加剧，课外素养教育资源严重缺乏的现状无法得到改善。为进一步缩小城乡教育水平的差距，农村教育改革迫在眉睫。

截至 2023 年 7 月，南孔学堂共服务学生 39 590 人次，开设课程 630 余次，涵盖所有小学年龄层。“国学”“万华镜——探秘中华五十六个民族”“横跨时空的节气美”“世界正在说”“演说家的闯关之路”“亲子新游记”“我和爸爸妈妈益智小课堂”“我以我行护溪口”“小小科学家”“书山有路”等素养课程，以其独特的趣味性、多功能性，能够有效地激发学生的兴趣，挖掘学生自身潜力，增强学生团结协作意识，培养学生热爱劳动、遵守劳动纪律的优良品德。

（二）南孔学堂团队成员

核心团队是由衢州学院的专业教师组成，覆盖教育学、哲学、文学、新闻等多学科。他们在南孔学堂的课堂上利用专业优势，“点”对“点”进行教学，使得南孔学堂的每个学生都能充分地学习专业知识。国学课中，叶小欢老师通过自身对国学的研究与热爱，将国学知识更加生动地教授给学生；徐慧敏老师面向学生及家长开展家庭教育和心理健康类亲子课堂，在亲子活动中促进亲子关系更加融洽；胡天晨老师通过对二十四节气和民族知识的生动演绎，将学生带入中华优秀传统文化当中，使其对国家文化的热爱油然而生。

衢州市龙游县中银小学的教师团队作为教学指导团队，更加了解学生学习、生活、接受素养教育等情况，在一线教学能力上能够给予更好的支持。衢州市实验学校教育集团教师团队有着丰富的教学、比赛、育人经验，能够促进市、县、乡教育课堂更好地实施。教育共富落脚点是带动山区教育发展，以“龙南一镇三乡”实际需求为导向。政府提供教学场地、设备等支持，助力未来乡村发展，为山区教育共富提供后勤保障。

学生团队主要由衢州学院的大学生组成，每个成员都在相关领域取得了较好的成绩，做事积极主动，对南孔学堂项目的发展有着浓厚的兴趣。同时，在项目开展前期，成员们积极开展研讨、磨课，讨论授课内容、打磨课程设计，力求打造更加生动有趣的课堂。不仅如此，团队成员还会联系当下热点，创新课堂模式，增加课堂亮点。

通过参加南孔学堂，大学生志愿者得到了锻炼，在服务中提高了综合素质，比如沟通能力、组织能力、领导能力等。同时，南孔学堂也让大学生更加了解社会和教育领域的现状，增强了社会责任感和公民意识。

一位志愿者同学说道：“南孔学堂是理论和实践的交汇处，是我们提升自身实力的社会实践平台。南孔学堂让我们走出了校园，走向社会，有利于我们将自身学习到的理论知识运用到实际当中，在实践中学习与进步。南孔学堂作为一个教育公益平台，让我们切实感受到教育的重要性，也让我们明白了公益活动的意义，让我们更加明确自身的目标与未来发展方向，为将来步入社会打下基础。南孔学堂可以帮助我们拓宽视野、增长知识、提升技能，并培养实践能力和团队合作精神。在实践中，我们深刻感受到了团队的重要性，比如在每周的课程研讨会中，我们需要提出自己的想法和建议，倾听他人的想法，尊重他人的建议，并协调合作以达成共同目标，打造更完善的课程。南孔学堂让我们意识到我们有责任和义务为社会作出贡献，发挥自己的作用，促进社会更好地发展。”

（三）南孔学堂项目的意义

南孔学堂以“弘扬南孔文化”为宗旨，将公益课堂开设到了龙游县溪口镇，通过开展高品质课外素养教育课程，在公益课堂教育探索的过程中准确识变、主动求变、积极应变，积极推动教育公平、知识普及与技能培养，增进社会的和谐与稳定，促进留守儿童的全面发展，为溪口未来乡村培养优秀的新一代人才。

1. 对当地学生及其家庭的影响

溪口镇老龄化严重，存在着大量留守儿童。为打造优质课堂，关注学生发展动态，南孔学堂坚持“一课一教学文案，一周一课程总结，一月一工作报告”制度。项目成员清晰规划课程，通过微信群聊、电话回访、定期家访等方式及时与家长沟通，切实关注学生成长。调研显示，参加南孔学堂的学生取得了较大的进步。南孔学堂减轻了学生家长的压力，解决了部分家长工作忙、没时间带娃、担心孩子在家一味地接触电子产品等问题。此外，南孔学堂开展的亲子课堂也为孩子和家长们建立起沟通的桥梁，有助于建立良好的亲子关系。

2. 对大学生成长的影响

南孔学堂项目对大学生成员有着深刻的影响。南孔学堂以公益教学的形式入驻未来社区，鼓励大学生将自身所掌握的专业知识运用于社区服务。南孔学堂于周末及暑假期间在溪口未来乡村文化礼堂定期开办课程，成为了众多师范生自我发展的平台。从备课、磨课再到上课、反思，大学生成员在专业知识及师范技能等方面都有较大提升。其次，在南孔学堂实践过程中，大学生经过多次磨课讨论、例会总结等，增强了团队意识和团队协作能力。与此同时，在项目实施过程中，大学生走出校园，领略溪口当地的风采，体验到不同的文化、思想和社会风貌，为将来的生活和职业道路打下坚实基础。

3. 对未来社区和社会发展的影响

2019年初，“未来社区”概念第一次出现在浙江省政府工作报告中。近几年来，未来社区逐渐被普通民众所知。衢州市龙游县溪口镇的乡村未来社区仍处于起步阶段。南孔学堂迎合未来社区教育场景的发展需求，推出各个年龄段的文化知识拓展课和手工实践课，让孩子们获得精神食粮，缩小城乡教育差距，推动溪口镇的未来社区教育建设。此外，溪口镇教育的发展能够带动溪口镇周边产业的优化开发，进而为溪口镇的经济发展贡献力量，有利于培养乡村振兴所需要的人才，为溪口的经济、文化发展和社会进步奠定了重要基础。

（四）南孔学堂项目发展的保障因素

1. 地方教育需求

第一，文化传承的缺失：溪口地区有着丰富的历史和文化底蕴，然而随着社会的发展和现代化进程的加速，许多传统的文化元素和价值观念逐渐在年轻一代中淡化，甚至消失。这种文化的流失对于一个地区的发展和社会的和谐稳定都会产生一定的影响。因此，南孔学堂项目的出现，正是为了弥补这一地方教育需求的空缺，为溪口地区的学生提供更全面、更深入的教育服务。

第二，教育资源的不足：与城市相比，溪口地区的教育资源相对匮乏，学生在学校难以接触到优质的文化教育和素质教育。这种教育资源的不足在一定程度上制约了溪口地区的教育发展，也影响了学生的全面成长和未来的发展潜力。南孔学堂项目的实施，不仅提供了丰富的文化教育资源，也通过多种形式的素养课程和实践活动，提高了学生的综合素质和能力，弥补了教育资源的不足。

第三，项目的补足作用：通过与当地学校的合作和交流，南孔学堂将优质的教育资源引入溪口地区，为当地学生提供了更多的学习机会和全面的教育服务。这种补足作用不仅体现在文化教育方面，也包括其他方面的素质和能力培养，为学生的全面发展提供了有力的支持。

2. 南孔文化的传承

第一，南孔文化的独特价值：南孔文化作为儒家文化的重要分支，具有独特的文化价值和精神内涵。这种文化强调的是人与人之间的和谐、友善、尊重和互助等价值观念，对于塑造学生的人格、价值观和道德观念有着重要的影响。在当今社会，面对各种文化和价值观的冲击，传承和弘扬南孔文化显得尤为重要。南孔学堂致力于将这种独特的文化价值观念传递给更多的学生和年轻人，使其在日常生活中得以践行和传承。

第二，中华民族传统美德的作用：南孔文化蕴含丰富的传统美德，如孝道、尊师重教、亲善友爱、诚实守信等。这些传统美德对大学生的修身与成才都至关重要。南孔学堂致力于将这些传统美德融入大学生的日常生活中，培养他们良好的道德品质和行为习惯，也希望在社会中形成一种崇尚传统美德、弘扬正能量的良好氛围。

第三，南孔文化的活化与创新需求：南孔文化作为传统文化的重要组成部分，需要不断地进行活化和创新。在传承南孔文化的同时，我们也需要将其与现代社会相结合，进行文化的活化和创新，使其更符合现代社会的需求和学生的兴趣。南孔学堂积极探索将传统文化与现代科技、艺术等领域相结合的方式和方法，创新南孔文化传承模式，让学生更深入地认识和了解中华优秀传统文化的魅力。

3. 团队成员的专业能力

第一，多样化的专业背景：团队成员来自不同的专业领域，如英语师范、商务英语、小学教育、汉语言文学等。这种多样化的专业背景为项目的实施提供了多方面的支持和保障。团队成员能够根据各自的专业知识和教学经验，为项目提供全面、深入的指导和支持。

第二，扎实的教学基础：团队成员都有一定的教学经验，熟悉学生的需求和学习特点，能够提供针对性强、实效性高的教学服务。团队成员在教学实践中积累了丰富的经验，具备扎实的教学基础，能够为南孔学堂项目的实施提供有力的教学保障。

第三，持续学习和自我提升的态度：团队成员在项目实施过程中注重自我学习和提升，不断更新知识体系和教育方法，提高教学质量和效果。他们关注教育领域的最新动态和研究成果，参加各类培训和研讨会，不断提升自己的专业素养和教学能力。这种持续学习和自我提升的态度为项目的成功实施提供了重要的保障。

4. 教育改革和创新的推动

第一，多元化的课程设置：南孔学堂不仅提供传统的文化课程，还设置了形式多样、内容丰富的素养课程和实践活动，如领导力培养、演讲与口才等。这种多元化的课程设置旨在培养学生的全面素质和能力，帮助他们全面发展。多元化的课程设置能够满足不同学生的兴趣和需求，激发他们的潜力和创造力。

第二，以学生为中心的教学方式：南孔学堂采用以学生为中心的教学方式，鼓励学生主动参与、积极思考。这种教学方式重视学生的主体地位，发挥学生的主体作用，促进学生的个性发展和自主学习能力的提高①。教师通过引导学生参与课堂讨论、小组合作等活动，激发学生的学习兴趣和动力，培养他们的团队协作能力和创新思维。

第三，教育技术的应用：南孔学堂还积极引入现代化的教育技术，如在线学习平台、多媒体教学资源等。这些技术的应用提高了教学效果和学生的学习体验，同时也适应了现代学生的学习习惯和需求。通过在线学习平

---

① 张勇. 小班化数学教学对学生分层要求的尝试与反思[J]. 语数外学习(初中版中旬)，2012(1)：54－55.

台，学生可以随时随地学习南孔文化的相关内容，拓宽学习渠道和视野。多媒体教学资源则以生动形象的方式展示南孔文化的魅力，增强了学生的感知和理解能力。

5. 社会各界的支持

第一，政府的大力支持：龙游县溪口镇人民政府对南孔学堂给予了大力支持和政策引导，为项目的顺利实施提供了重要的保障。政府在项目资金、物资和政策方面给予了支持，为南孔学堂项目的推进提供了有力的保障。同时，政府的支持也体现了当地政府对教育文化事业的重视和支持。

第二，高校的合作与支持：衢州学院作为项目的主办方之一，提供了丰富的教育资源和专业的师资力量，为项目的实施提供了坚实的学术支持。高校的合作与支持为南孔学堂项目的实施提供了强大的学术背景和资源保障，保证了项目在学术上的高度和专业性。同时，高校的支持也促进了高校与地方的交流与合作，推动了教育资源的共享和优化配置。

第三，社会企业的参与：一些社会企业也积极参与到项目中来，为项目提供了资金和物资支持，帮助项目更好地开展和推进。企业的参与为南孔学堂项目的实施提供了实质性的帮助和支持，推动了项目的顺利开展和持续发展。同时，企业的参与也体现了社会对教育事业的关注和支持，为项目的成功实施注入了新的力量。

第四，社区居民的认可与参与：社区居民对项目给予了高度的认可。他们的支持和鼓励为项目的成功实施提供了强大的社会支持和社会氛围。社区居民的认可与参与为南孔学堂项目的实施提供了广泛的社会基础和支持，促进了项目的顺利推进和社会影响力的扩大。同时，社区居民的参与也加强了教育与社会的联系，为项目的持续发展提供了重要的社会资源。

二、南孔学堂项目办学目标

(一) 弘扬儒家文化

第一,深入理解儒家文化的内涵和价值。南孔学堂认为,儒家文化是中华优秀传统文化的重要组成部分,其核心理念包括仁爱、忠诚、礼敬、诚信等。通过学习儒家文化,学生可以深入了解这些价值观念的内涵和意义,从而在日常生活中践行。

第二,培养道德品质和社会责任感。南孔学堂希望通过传授儒家思想,引导学生树立正确的价值观和道德观念,培养他们的社会责任感和公民意识。学生将学会关心他人、尊重他人、助人为乐,成为具有高尚品德和社会责任感的人。

第三,促进文化传承与创新。南孔学堂不仅注重传统儒家文化的传承,还鼓励学生在学习中进行创新。学生可以在深入了解儒家文化的基础上,结合现代社会的发展和需求,对传统文化进行活化和创新,使其更具有时代性和现实意义。这种文化传承与创新有助于推动中华文化的繁荣发展。

(二) 推动国学诵读的普及

第一,提高语言表达能力与文化素养。国学诵读是提高语言表达能力和文化素养的重要途径。通过反复诵读经典著作,学生可以积累丰富的语言材料,提高语言表达能力,同时深入了解中华文化的思想、智慧和艺术魅力。

第二,培养阅读习惯与兴趣。国学诵读不仅是一种语言学习方式,也是一种文化享受。南孔学堂通过开展国学诵读活动,帮助学生培养良好的阅读习惯和兴趣,让他们在阅读中感受中华文化的博大精深,从而激发对传统文化的热爱和尊重。

第三，传递文化价值观。国学诵读不仅仅是对文字的阅读，更是对传统文化价值观的传递。在诵读过程中，学生将接触到儒家文化的核心思想，如仁爱、忠诚、礼敬等，从而在潜移默化中接受和传承这些优秀的价值观念。

（三）促进农村地区教育的改善

第一，提供教育资源。南孔学堂项目为农村地区提供了包括儒家文化课程、素养课程和实践活动等在内的教育资源。这些资源的引入在一定程度上弥补了农村地区教育资源的不足，拓宽了当地学生的知识视野，为他们的全面发展提供了更多机会。

第二，促进城乡教育的均衡发展。南孔学堂项目的实施，加强了城市与农村之间的教育交流与合作。这种合作有助于促进城乡教育的均衡发展，缩小城乡之间的教育差距，从而推动整个社会教育的进步。

第三，创新教学方式。南孔学堂引入现代化的教学工具和教学方法，如“闯关式”教学、互动游戏等，使学习变得更加有趣和高效。这不仅提升了学生的学习效果，还培养了他们的自主学习能力和创新思维能力①。

第四，增强课外辅导。暑假期间，南孔学堂的教师们还为孩子们提供课外辅导，帮助他们完成暑假作业，解决学习中的困惑。同时，教师们还为孩子们开设了各类兴趣班，如书法、绘画、音乐等，培养他们的兴趣爱好和特长。

第五，开展心理健康教育。南孔学堂关注农村学生的心理健康问题，通过开展心理健康讲座、个体咨询等活动，帮助学生增强心理素质，应对学习和生活中的挑战。

第六，推动家校合作与社区参与。南孔学堂注重与家长和社区的沟通与合作。在暑假期间，学堂组织家长座谈会、社区活动等，与家长共同探讨

---

① 李玉莲. 指向深度学习的初中语文项目化学习实践[C]//中国陶行知研究会. 2023 年第九届中国陶行知研究座谈会论文集. [出版者不详]，2023：3.

孩子的教育问题，促进家校合作。同时，学堂还鼓励社区参与农村教育的发展，为孩子们营造良好的学习环境。

第七，弘扬传统文化。南孔学堂利用暑假这个时机，为孩子们开设了传统文化课程，如国学经典诵读、传统手工艺制作等，让孩子们在学习的过程中感受传统文化的魅力，增强他们的文化认同感和民族自豪感。

（四）提升大学生的综合素质

第一，增强文化自信与传承意识。通过参与南孔学堂项目，大学生将深入了解中华优秀传统文化的精髓和价值，从而增强对自身文化的认同感和自信。这种文化自信将激发大学生对传统文化的传承意识，促使他们成为传统文化的传承者和弘扬者。

第二，培养创新思维与实践能力。在项目实施过程中，大学生将面临各种挑战和问题，需要通过创新思维和实践能力来解决。这种培养有助于大学生在未来的学习和工作中更好地应对挑战和机遇。

第三，拓宽视野与提高综合素质。南孔学堂项目为大学生提供了广阔的学习和实践平台，让他们接触到多元化的知识和技能。通过参与项目，大学生可以拓宽视野、增长见识、提高综合素质，为未来的个人发展和为社会作贡献做好准备。

（五）服务农村经济振兴

第一，提供教育支持。南孔学堂项目为溪口镇小学生提供了丰富的教育资源，包括特色课程、文化活动等，以激发学生的学习兴趣和拓展他们的知识视野。这些教育资源的补充有助于提高农村教育质量，提升学生的综合素质。

第二，加强人才培养。南孔学堂项目不仅关注学生的学业发展，还注重培养学生的兴趣爱好和特长。通过开展各类文化、艺术和体育活动，发现和培养学生的天赋和潜力，为他们未来的发展提供更多机会。

第三，促进文化传承。南孔学堂项目将优秀传统文化融入教学中，注重文化的传承和弘扬。通过开展文化体验活动和乡土文化教育，帮助学生认识和了解本土文化传统和特色，培养他们的文化自信和民族认同感。

第四，鼓励社会参与。南孔学堂项目鼓励社会参与农村教育的发展。通过与当地政府、学校、社区等合作，共同推动农村教育改革和创新，促进城乡教育的交流与合作。

第五，推动社区建设。南孔学堂项目积极参与社区建设，与当地村民共同推动社区发展。通过开展各类社区活动和文化节庆活动等，促进村民之间的交流与合作，增强社区凝聚力。

第六，注重生态保护。南孔学堂项目注重生态保护和可持续发展。通过开展环保教育和生态旅游等活动，引导当地居民树立环保意识，促进农村生态环境的保护和可持续发展①。

在龙游县溪口镇人民政府、浙江未来乡村学院、衢州学院等单位的支持下，南孔学堂以“宣扬南孔文化，建设有礼溪口”为办学宗旨，深入挖掘南孔文化和龙游当地文化。通过开设系列素养课程，加强溪口学生对家乡文化的学习，树立他们热爱家乡、守护家乡的意识。

南孔学堂不仅关注学生的学术发展，还注重培养他们的艺术和体育能力。学堂提供各种艺术课程，如绘画、书法和音乐，以及体育活动，如足球、篮球和羽毛球等。这些课程旨在培养学生的审美能力和创造力，同时提高他们的身体素质和团队协作能力。

总之，南孔学堂是一个致力于为溪口学生提供全面教育和促进文化传承的平台。通过丰富多彩的课程和活动，学堂帮助学生实现全面发展，培养他们的艺术、体育和文化素养，同时促进社区与学校的互动和合作。

① 辛德万.乡村振兴战略下大学生返乡创业路径研究[J].农业经济，2023(10)：127-129.

三、南孔学堂项目教学设计

项目团队单独成立了一个部门，形成一支将地方特色文化融入公益教育的队伍。项目成员通过实地调研、访谈、问卷调查等形式了解当地学生的课程偏好，确定教学内容；在此基础上，通过磨课以及观看优质课、公开课等教学视频不断提高授课能力和现场应变能力，将已挖掘的地方特色文化设计成一堂别开生面的公益课。

留守儿童、空巢老人的现象在当地十分常见。团队首先关注并理解留守儿童的心理需求，通过心理工作室访谈、家访、问卷调查等形式，对所有参加南孔学堂的学生的心理问题进行排查，后期跟踪关注，进行有效排解。

根据留守儿童的学习能力和特点，项目团队灵活调整教学方法和内容，采取“1＋5”教学管理策略，即一个大学生负责五个学生，对这五个学生进行调研和辅导；同时辅以“一人一档”机制，建立学生个人成长记录档案，更好地记录学生的学习和成长情况。

在反思和提升方面，项目成员采取“总结＋例会”的方式，在课后完成课程总结，在每周召开的例会上进行总结发言，提出改进措施，互相交流学习，共同进步。具体的提升方法有两种：一、由衢州学院和当地学校的教师为大学生提供针对性的培训和指导，使大学生能够更好地适应和应对支教环境中的挑战。二、邀请一线教师指导，提出授课中的优点与不足，提供专业的建议，促进大学生教师不断成长。同时邀请溪口镇中银小学的老师来听课，结合他们对本地小学生的了解，给予大学生教师更多的启发和指导，在例会上提出教学中的优缺点，重点对不足之处展开指导，帮助他们在反思中发现问题、寻找解决方案和制定教学改进计划。

针对低效教学方法，项目团队采用多元化的教学方法，如小组讨论、案例分析、项目学习等，鼓励学生积极参与，激发学生的学习兴趣和创造力。比如，设计一些互动游戏和小组竞赛，让学生在比赛中竞争、学习和交流。

这不仅能够提高学生的参与度和学习效果，还培养了他们的团队合作能力和沟通能力。项目团队还提倡互动和合作学习，鼓励师生互动和学生之间的合作学习，通过开展问答、小组展示、角色扮演等方式①，促进学生思考和交流。此外，在教学过程中，项目团队灵活设置小组活动或项目任务，让学生积极参与，共同解决问题或完成任务，以此提高学生的学习主动性和参与度。此外，成员们通过个体化辅导和指导，跟进学生的学习进度，帮助学生解决学习困难，促进个体的学习成长。最后，团队成员会及时给予学生学习成果的反馈和评价，以此激发学生的学习动力和成就感。

针对学生学习动力不足，项目团队通过创造有趣和具有挑战性的学习环境，引入多样化的教学活动和资源，激发学生的学习兴趣。项目团队通过多媒体教学资料、实践活动或小组合作等，增加学生对学习的投入和兴趣。同时，项目团队与学生一起设定具体的、可衡量的学习目标，并帮助学生制定可行的计划和方法。例如在一周内，学生须完成部分的暑假作业，遇到疑难时可找教师帮忙解答。南孔学堂三个班级都设有活动章奖励机制。学生若上课积极主动、参与各类活动，或者有其他优秀表现，都会奖励相应的活动章。最后，项目团队与学生的家长和溪口社区进行合作，共同关注学生学习动力的问题。

在课程设计方面，具体方法可总结如下：

第一，调研当地溪口文化：在项目开始前，进行充分的调研，了解溪口的历史、特色习俗、民族文化等，与当地教育部门、社区信息员等进行合作，收集溪口当地文化资源。

第二，将溪口文化融入课程设计：在课程设置的过程中，将溪口文化元素有机融入课程内容中，例如教授溪口传统绘画、设计与当地传统节日相关的活动和游戏等。

第三，开展文化交流活动：组织学生研学活动，促进文化交流。例如，通过组织学生参观竹编艺术展览、手工制作竹编作品、与当地居民进行对话和

---

① 左德建. 互动教学，让英语课堂“活”起来[J]. 中学生英语，2017(20)：73.

交流，加深学生对溪口文化的理解。

第四，制作宣传材料：帮助学生制作视频、宣传册等多种形式的宣传材料，向社会传递溪口文化的魅力和项目的价值。

第五，预先了解小学生的年级和学习情况：与当地小学的老师进行沟通，确保课程设置与学生的需求和能力相匹配。在课前进行调查问卷，了解学生的兴趣和学习状况，根据结果进行课程调整。

四、南孔学堂项目课堂内容

（一）儒家小弟子课堂：传承南孔文化，培育国学新苗

（1）课程介绍："儒家小弟子课堂"是南孔学堂倾力打造的国学特色课程，旨在弘扬南孔文化，培养孩子们对南孔文化的热爱与尊重，同时提高他们的礼仪素养和传统文化底蕴。课程以衢州深厚的南孔文化为背景，融合当今教育智慧，让孩子们在感受儒家文化魅力的同时，也能在日常生活中体悟并践行其精神内涵。

（2）课程目标：①激发孩子们对南孔文化和国学经典的兴趣与热爱，培养他们的文化自信心和民族自豪感；②深入了解南孔文化的历史背景、特点与价值，掌握八礼四仪的基本礼仪规范，提高孩子们的礼仪素养；③培养孩子们的自主学习能力和团队合作精神，让他们在学习的过程中不断进步，共同成长；④通过实践活动，让孩子们亲身感受南孔文化的深厚底蕴，增强对传统文化的认同感和归属感。

（3）课程内容：①儒学经典诵读：选取《大学》《中庸》《论语》等国学经典进行诵读学习，让孩子们领略儒家思想的博大精深。②南孔文化传承：介绍南孔文化的历史背景、特点与价值，让孩子们了解南孔文化在衢州乃至全国的重要地位。③八礼四仪学习：通过讲解和示范，让孩子们学习礼仪规范，培养他们的礼仪素养，成为有礼貌、有教养的儒家小弟子。④传统文化体

验:组织孩子们参观孔庙、游览传统文化景点等,让孩子们在实践中感受传统文化的魅力。

(4) 课程步骤:①课程导入:介绍课程主题和目标,激发孩子们的兴趣和好奇心。②儒学经典诵读:选取经典篇章进行诵读学习,老师进行讲解和点拨。③南孔文化传承:介绍南孔文化的历史背景和特点,让孩子们了解南孔文化的独特魅力。④八礼四仪学习:通过讲解和示范,让孩子们学习礼仪规范并进行实践体验。⑤传统文化体验:组织孩子们参观孔庙、游览传统文化景点等,亲身感受传统文化的魅力。⑥总结分享:让孩子们分享学习心得和体验感受,老师进行总结和点评,鼓励孩子们继续努力学习与传承南孔文化。

(5) 课程重点:深入学习和理解南孔文化和国学经典的核心思想;掌握八礼四仪的基本礼仪规范和实践应用;提高孩子们的自主学习能力和团队合作精神。课程难点:如何帮助孩子们更好地理解和接受南孔文化和国学经典;如何通过实践活动让孩子们更好地了解和感受南孔文化的内涵和价值;如何培养孩子们的自主学习能力和团队合作精神。

(6) 教学方法:①讲解法:老师进行讲解,帮助孩子们了解相关知识。②示范法:老师进行示范,让孩子们学习礼仪规范等。③讨论法:组织孩子们进行讨论、分享感受和想法,激发他们的思考和创新能力。④活动法:组织孩子们参与各种实践活动,如参观孔庙、游览传统文化景点等,让他们在亲身体验中感受传统文化的魅力。

(二) 环保小卫士课堂:守护溪口,从我做起

(1) 课程介绍:"环保小卫士课堂"以溪口独特的自然环境和丰富的生态资源为背景,通过一系列有趣而富有教育意义的活动,让孩子们了解环保的重要性,学习垃圾分类的知识,并培养他们的动手能力和团队协作精神。

(2) 课程目标:①掌握垃圾分类的基本知识和技能,培养环保意识;②开展实践活动,让孩子们亲身体验环保的乐趣,了解自然环境保护的重要性;

③培养孩子们的动手能力和团队协作精神，让他们成为真正的环保小卫士。

（3）课程内容：①垃圾分类知识讲座：讲解垃圾分类的必要性和意义，让孩子们明白垃圾分类对于守护美丽溪口的重要性；详细介绍可回收垃圾、厨余垃圾、有害垃圾和其他垃圾的分类方法，让孩子们掌握垃圾分类的基本原则；展示不同类型的垃圾标志，帮助孩子们识别并记忆各类垃圾。②垃圾连连看游戏：设计各种垃圾道具，让孩子们在游戏中快速识别和分类垃圾。通过小组竞赛的形式，激发孩子们的学习兴趣，让他们在轻松愉快的氛围中巩固垃圾分类知识。③折纸玫瑰活动：老师示范折纸玫瑰的方法，让孩子们学习折纸技巧。通过折纸活动，引出“纸花易折，真花难育”的环保理念，让孩子们明白保护自然资源的重要性。④“我心中的溪口”绘画比赛：提供绘画材料和画纸，让孩子们自由创作心中的溪口美景；鼓励孩子们将环保理念融入作品中，通过绘画表达对溪口美好家园的热爱和守护之情；组织评选活动，表彰优秀作品，激发孩子们的创作热情和环保意识。⑤环保志愿者行动：组织孩子们参与环保志愿者活动，如捡拾垃圾、植树等，让孩子们亲身体验环保工作的艰辛和成果，培养他们的环保责任感和使命感，让他们成为真正的环保小卫士。

（4）课程步骤：①引入课程主题：激发孩子们的兴趣和好奇心。②讲解垃圾分类知识：让孩子们了解垃圾分类的重要性和方法。③开展垃圾连连看游戏：巩固孩子们对垃圾分类知识的掌握。④进行折纸玫瑰活动：培养孩子们的动手能力和环保意识。⑤举行“我心中的溪口”绘画比赛：让孩子们通过绘画表达对溪口的热爱和守护之情。⑥组织环保志愿者行动：让孩子们亲身参与环保工作，培养他们的环保责任感和使命感。

（三）小探险家课堂：衢州、龙游、溪口自然资源探索之旅

（1）课程简介：“小探险家课堂”通过多媒体手段和实地考察，旨在培养孩子们的地理认知能力和探索精神，同时增强对自然环境的热爱与保护意识。

(2) 课程目标:①认识家乡:深入了解衢州、龙游、溪口的自然资源分布与特点。②培养能力:提高学生的地理认知能力和探索精神。③保护自然:增强对自然环境的热爱和保护意识。

(3) 课程内容:①地理背景揭秘:通过多媒体手段,介绍衢州、龙游、溪口的地理位置、气候特点、地形地貌等。通过模型、实物样本和图表等工具,详细解析衢州、龙游、溪口的地质特点、岩石类型、土壤类型以及地形地貌的形成与演变。②特色景点探秘:选取具有代表性的景点,如江郎山、钱江源国家公园、三衢石林、六春湖湿地等,通过图片、视频和文字资料等多种形式,让学生全面了解景点的地理背景和特点,包括其形成原因、历史背景等。③实地考察体验:组织学生进行实地考察,亲身体验自然景观的魅力。通过观察、记录和分析等方式,培养学生的观察力和分析能力。

(4) 课程步骤:①导入:介绍课程主题和目标,激发学生的兴趣和好奇心。②知识储备:通过多媒体手段,学习衢州、龙游、溪口的地理背景和地质特点。③景点探秘:详细了解特色景点的地理背景和特点。④实地探索:组织学生前往特色景点进行实地考察,亲身体验自然景观。⑤分享感悟:让学生分享考察感受和发现,老师进行总结和点评。⑥拓展延伸:课程结束后,布置相关作业和课后任务,如绘制家乡的自然资源分布图、撰写考察报告等,以巩固课堂所学知识并提高学生的自主学习能力。

(5) 课程重点:深入理解和掌握家乡的自然资源分布与特点;通过实地考察培养学生的观察力和分析能力;增强对自然环境的热爱和保护意识。课程难点:如何选取具有代表性的景点进行详细介绍;如何组织有效的实地考察活动;如何引导学生进行深入思考和分析。

(四) 小艺术家课堂:制作树叶面具

(1) 课程简介:在“小艺术家课堂”,孩子们将寻找那些被山风吹落的花朵、阳光下被晒干的枯叶,以及随处可见的树枝和碎石子,制作树叶面具。

(2) 课程目标包括探索自然:培养孩子们对大自然的敏锐观察力和探索

精神。激发创意:帮助学生学会利用树叶等自然材料进行创作,激发孩子们的想象力和创新思维,增强孩子们的动手能力和艺术表现力。提升审美:提升孩子们对自然美的欣赏能力和保护意识。

(3) 课程内容包括大自然的宝藏:观察并收集那些独特而美丽的自然素材。面具的秘密:学习如何运用树叶、花朵等自然材料制作独特的面具。彩绘的魔法:在面具上彩绘和装饰,将孩子们的创意和想象力尽情展现。舞会的狂欢:戴上自己亲手制作的面具,举办一场别开生面的假面舞会,感受艺术的魅力和乐趣。

(4) 课程步骤包括激发兴趣:通过介绍课程主题和目标,点燃孩子们的好奇心和创作欲望。自然寻宝:带领孩子们在大自然中寻找和收集素材,感受自然的奇妙。创意制作:教授树叶面具的制作技巧,让孩子们自由发挥,制作独一无二的面具。彩绘装饰:引导孩子们在面具上彩绘和装饰,让面具更加生动和有趣。舞会展示:举行假面舞会,让孩子们戴上自己的作品,展示和分享他们的创作成果。

(5) 课程重点:掌握自然材料的创作技巧,培养动手能力和创新思维,提升审美能力。课程难点:如何引导孩子们正确使用自然材料制作面具,激发他们的创意和想象力。在“小艺术家课题”课程中,孩子们将不仅学会如何制作一个独特的树叶面具,更将学会如何欣赏和保护大自然的美丽。

(五) 小领导课堂:领导力启蒙,成长第一步

(1) 课程介绍:领导力是至关重要的个人素质,不仅在学术和职业领域中扮演着核心角色,更在日常生活中无处不在。“小领导课堂”旨在培养孩子们的领导力,为他们提供组织、协调、沟通和解决问题的能力。

(2) 课程内容包括“小老师”“小鬼当家”“小法官”和“无领导小组”等特色活动。这些活动旨在让孩子们在游戏中学习领导艺术,培养他们的领导力、表达能力、管理能力和团队协作能力。

(3) 课程步骤包括领导力启蒙:引导学生了解领导力的内涵和重要性。

通过生动的案例和实例，帮助学生建立对领导力的正确认知。领导风格探索：通过情景模拟，帮助学生探索并了解自身的领导风格，学习如何有效处理团队冲突。自我认知与情绪管理：引导学生进行自我评估，了解自己的优势与不足，并学习情绪管理技巧，以更好地应对各种挑战。团队建设与合作：通过团队建设活动，培养学生的合作意识和团队精神，让他们学会一起工作、学习和游戏。沟通技巧与冲突解决：教授学生有效的沟通技巧，包括倾听与表达，并通过角色扮演和小组讨论等方式，帮助他们学会解决日常冲突。领导风格与适应能力：介绍民主型、指导型、支持型等不同类型的领导风格，并通过模拟选举等活动，让学生体验不同的领导风格，找到最适合自己的方式。

(4) 课程效果评估：在每个活动结束后，教师对学生的表现进行观察和评估，包括参与度、合作能力、沟通能力和解决问题的能力等方面。同时，教师也鼓励学生进行自我评估，反思自己的表现和收获，提出改进的方向和方法。通过综合评估结果，教师将为学生提供个性化的指导和建议，帮助他们进一步提升领导力水平。

(六) 小演说家课堂：口才训练的全方位攻略

(1) 课程介绍：在当今快速发展的社会中，口头表达能力和公众演讲能力已成为个人成长和成功的关键因素。为了培养孩子们的演讲及沟通技巧，南孔学堂特别开设了“小演说家课堂”，旨在通过一系列精心设计的活动和训练，提高学生的口头及书面表达能力，帮助他们克服演讲胆怯心理，并提升临场发挥能力和自信心。

(2) 课程目标包括提升学生的口头及书面表达能力，培养优良的语言表达习惯；帮助学生克服演讲胆怯心理，增强自信，敢于在公众场合表达自我；提高学生的临场发挥能力，使其在突发情况下能够冷静应对、灵活反应；培养学生的团队合作精神和竞争意识，增强班级凝聚力。

(3) 课程内容包括口头及书面表达能力提升：让学生了解口头表达在日

常生活、学习和未来工作中的重要性;通过讲故事的方式,锻炼学生的想象力和创造力,提高口头表达能力;结合写作练习,培养学生的观察力和逻辑思维能力,提升书面表达能力;模仿新闻播报员,提高学生的口语流畅度和准确性。演讲技巧与心理克服:教授学生如何准备演讲稿、进行有效的演讲和应对观众提问等技巧;举办演讲比赛,鼓励学生积极参与,培养他们的竞争意识和团队合作精神;模拟班委就职演说,提高学生的领导力和公众演讲能力;通过心理辅导和训练,帮助学生克服演讲胆怯心理,增强自信。临场发挥能力与自信培养:教授学生如何在突发情况下保持冷静、灵活应对和快速反应;通过即兴演讲,锻炼学生的临场发挥能力和快速思考能力;结合实际表演,帮助学生建立自信,提高自信心。

(4) 课程效果评估:在每个活动结束后,教师对学生的表现进行全面、细致的评估,包括他们的参与度、口头及书面表达能力的提高程度、演讲技巧的掌握情况以及自信心的提升情况等。同时,教师也鼓励学生进行自我评估,反思自己的表现和收获以及需要改进的方向和方法。通过综合评估结果,教师将为学生提供个性化的指导和建议,帮助他们进一步提升各项能力。

(七) 小科学家课堂:探索科学奥秘,培养未来科学家

(1) 课程介绍:为了满足孩子们对科学的热爱与追求,南孔学堂特别推出了"小科学家课堂",旨在通过科学实验的方式,引领学生们走进科学的殿堂,探索科学的奥秘。

(2) 课程目标包括培养创新思维:鼓励学生们发挥创意,设计和制作与众不同的作品;锻炼合作能力:帮助学生学会如何与他人沟通、协作和分享。他们将在小组内部讨论、分工和解决问题,共同完成任务。这种合作经验将为他们未来的学习和生活打下坚实的基础。

(3) 课程内容包括动力火箭制作:学生们将运用牛顿三大定律的原理,调整火箭的姿态和动力大小,让火箭在空中翱翔。小火山实验:通过观察小

火山模型中不同密度的液体在火山口产生的现象，学生们将直观地理解密度的概念，进一步探索科学的奥秘。土耳其热气球：学生们将亲手制作并放飞热气球，观察热气球在加热和充气后的变化，理解热气球升空的原理，感受科学与生活的紧密联系。

(4) 课程效果评估与延伸：教师通过观察学生在参与度、动手能力、创新思维和合作精神等方面的表现，评估他们在“小科学家课堂”中的成长和进步。同时，教师鼓励学生们在课后继续进行科学实验和探索，培养他们的科学素养和终身学习的习惯。

(八) 小书法家课堂：翰墨飘香，传承经典

(1) 课程介绍：“小书法家课堂”旨在通过系统的书法教学，培养学生的审美能力、鉴赏能力和艺术素养，使他们能够更深入地了解和欣赏中国传统文化的魅力，让他们更好地传承和弘扬中华传统文化，增强他们的文化自信和民族自豪感。

(2) 课程目标包括文化内涵理解：结合汉字的起源和演变，让学生深入了解汉字的历史和文化内涵；讲解书法作品中的文化内涵，让学生领略中国文化的博大精深和源远流长。促进智力发展与身心健康：帮助学生锻炼观察力、记忆力、思维力和想象力等，同时调节身心状态，减轻压力，增强身体健康和心理健康。

(3) 课程内容包括书法理论基础：介绍书法的历史、发展过程以及基本的书法技巧和知识；详细介绍文房四宝——笔、墨、纸、砚的使用方法，为学生打下坚实的理论基础。书法实践：介绍基本的书法理论后，通过实践环节帮助学生掌握汉字的结构和布局；安排作品临摹环节，让学生近距离感受优秀书法作品的魅力，提高他们的书法水平和欣赏能力。

(4) 课程效果评估：为了检验学生的学习成果，教师通过观察学生在参与度、进步程度、作品质量等方面的表现，对课程效果进行评估。同时，教师鼓励学生在课后继续进行书法练习和学习，培养他们的兴趣和爱好，让书法

成为他们生活中不可或缺的一部分。

(九)小心理健康师课堂:守护心灵,筑梦成长

(1)课程介绍:“小心理健康师课堂”旨在通过系统的心理健康教育,帮助学生培养积极乐观的心态,提升他们的心理素质和应对压力的能力。课程注重理论与实践相结合,通过多样化的教学方式,引导学生了解心理健康的重要性,学习基本的心理健康知识和技能。

(2)课程内容包括心理健康基础知识:首先介绍心理健康的概念、重要性以及影响心理健康的因素;教授学生如何识别和调节情绪,包括基本情绪和复杂情绪的识别与应对。应对方式:通过认知行为疗法等心理学方法,教授学生如何改变不良行为和应对压力。学生将学习自我暗示、放松技巧、自我奖励等实用方法,提高应对压力的能力。生理和心理健康:强调生理与心理健康的紧密联系,教授学生如何通过健康的生活方式来保持身心健康。心理健康实践活动:通过生动有趣的小游戏、角色扮演等方式,帮助学生在实践中体验和学习心理健康知识;进行心理健康测试,帮助学生了解自己的心理状态和需要关注的方面。家长心理健康教育:向家长普及常见的心理问题及解决方法,教授他们与孩子有效沟通的技巧,并强调家庭氛围对孩子心理健康的影响。

(3)课程特色与成果:“小心理健康师课堂”注重学生的参与度和实践体验,让学生能够在轻松愉快的氛围中学习心理健康知识。通过这门课程的学习,学生将能够了解和掌握基本的心理健康知识和技能;提高心理素质和应对压力的能力;培养积极乐观的心态和情绪管理能力;增强自信心和自尊心,提高自我认知和自我价值感;预防和减少心理问题的发生,提高心理适应能力。

(十)小手工能手课堂:动手实践,快乐成长

(1)课程介绍:“小手工能手课堂”旨在通过一系列丰富多彩的手工活动,提升小学生的动手能力和创造力,让他们在动手实践中感受学习的乐趣。

(2) 课程内容包括自作简易乐器、12 生肖剪纸、制作叶脉书签、制作鄂温克太阳花以及制作反邪教手工作品。在自作简易乐器环节，学生们将利用纸杯、橡皮筋等简单材料，亲手制作打击琴、吹奏器等简易乐器，了解音乐的基本原理和乐器的构造，激发他们的音乐创作灵感。12 生肖剪纸活动则让学生们感受中国传统文化的魅力。通过剪出不同的生肖图案，学生们不仅能了解剪纸这一民间艺术，还能在动手过程中锻炼精细动作能力和耐心。制作叶脉书签活动能让学生们接触植物的世界。通过去除树叶的叶肉、留下叶脉，学生们将了解植物的基本结构和生长过程，并在制作过程中培养耐心和细心。此外，制作鄂温克太阳花活动可以让学生们领略鄂温克族的文化和传统。学生们将亲手制作这一民族工艺品，了解鄂温克族的文化和传统工艺，同时锻炼自己的手工技能。在制作反邪教手工作品活动中，学生们将用创意和热情表达对邪教的反对和抵制。通过制作反邪教的漫画或海报，学生们将加深对邪教危害的认识，同时培养他们的社会责任感和宣传能力。

(3) 课程效果："小手工能手课堂"取得了显著的效果。学生们的动手能力和创造力得到了极大的提升，他们更加乐于参与课堂活动，变得更加积极。同时，学生们在手工活动中学会了合作与交流，增强了团队合作意识和交流能力。

(十一) 小画家课堂：彩绘童心，艺术启航

(1) 课程简介："小画家课堂"注重学生的参与和互动，为每个主题活动提供 2～3 小时的时间，让孩子们充分体验绘画的乐趣。同时，课程提供丰富的绘画材料和工具，让孩子们在尝试中学习和成长。

(2) 课程目标包括艺术素养提升：引导孩子们走进艺术的世界，拓宽他们的审美视野，提高他们的审美能力和创造力。绘画技能锻炼：介绍多样化的绘画材料和技巧，帮助孩子们掌握更多绘画技能。自信与表达能力培养：帮助孩子们学会用画笔表达自己的情感和思想，增强自信心和表达能力。心理发展促进：帮助孩子们在绘画中体验快乐，培养积极向上的心态。

(3) 课程内容包括画笔下的民族:孩子们将了解中国各民族的文化特点,用画笔描绘出对民族文化的独特理解和感受。走进国画:带领孩子们领略中国国画的韵味和魅力,学习国画的基本知识和技巧,创作属于自己的国画作品。喜迎亚运展:结合亚运主题,孩子们将创作出与亚运相关的绘画作品,如亚运吉祥物、亚运场景等,感受运动的激情和活力。画脸谱:孩子们将学习中国传统戏曲脸谱的特点和绘制技巧,尝试绘制不同角色的脸谱,感受戏曲艺术的魅力。小画家画妈妈:以"妈妈"为主题,孩子们将用画笔表达对妈妈的深深感激和爱意,培养感恩意识。简笔画:孩子们将学习简笔画技巧,用简单的线条和色彩表现复杂的情感和意境,锻炼观察力和表现力。

(4) 课程评价:教师密切关注孩子们在课堂上的表现,观察他们的绘画技能和创造力的发展情况;定期收集和展示孩子们的作品,鼓励他们不断进步;通过问卷调查了解孩子们对课程的满意度和建议,以便不断完善课程内容和教学方法。

(十二) 小舞蹈家课堂:舞动心灵,放飞梦想

(1) 课程介绍:"小舞蹈家课堂"旨在培养学生的艺术修养、舞蹈技能和表演能力,让他们在舞动中感受生活的美好,发掘内心的潜能。

(2) 课程目标包括提升学生的艺术修养,让他们对舞蹈有更深入的了解和热爱;增强学生的身体素质和身体协调性,为他们的健康成长打下坚实的基础;培养学生的自信心和舞台表现力,让他们在舞台上尽情展现自己的风采。

(3) 课程内容包括街舞篇:带领学生们领略街舞的魅力和活力,学习街舞的基本知识和技巧,感受街舞带来的自由与激情。华尔兹舞篇:教授华尔兹的基本步伐和舞蹈技巧,带领学生们体验华尔兹的优雅与气质,感受舞蹈的浪漫与美好。少数民族舞篇:引导学生们了解不同少数民族的舞蹈特点和风格,学习简单的舞蹈动作,感受少数民族舞蹈的韵味和情感,领略多元文化的魅力。异国舞蹈篇:介绍不同国家的舞蹈,如印度舞、西班牙舞等,使学生们感受不同国家舞蹈的特色和文化魅力,拓宽国际视野。手势舞篇:结

合中国传统文化，教授《春夜喜雨》和二十四节气的手势舞蹈，让学生们在学习舞蹈的同时，感受诗歌的意境和韵味，体验节气与生活的联系和意义。喜迎亚运献舞篇：结合亚运会主题，组织学生们创作与亚运相关的舞蹈作品，通过舞蹈表演展示他们的舞蹈技能和表演能力，为亚运会增添独特的艺术氛围。

(4) 课程实施：每个主题活动时间为 2 小时，可根据实际情况进行调整。在课程实施过程中，教师注重学生的参与和互动，鼓励学生发表观点和建议，培养他们的主动性和创造力。同时，教师提供舞蹈服装和道具，让学生们更好地展现舞蹈的魅力和表演效果。

(5) 课程评价：教师密切关注学生在课堂上的参与情况、舞蹈技能和表演能力的发展情况；定期组织学生进行舞蹈表演，鼓励他们不断进步；通过问卷调查了解学生对课程的满意度和建议，以便不断完善课程内容和教学方法。

(十三) 趣味英语课堂：乐享英语，趣味无穷

(1) 课程介绍：为了满足学生们对多元化学习和趣味性学习的追求，南孔学堂特别推出了“趣味英语课堂”，旨在激发学生对英语的浓厚兴趣，让他们在英语学习中体验快乐，并积极主动地提升各项英语能力。

(2) 课程目标包括培养学生对英语的浓厚兴趣，使他们更加积极主动地学习英语；提升学生的英语口语表达能力和跨文化交际能力；开展“走进四大发明，品味趣味英语”活动，让学生了解中国的四大发明，感受中华文化的魅力，同时提高他们的英语口语表达能力。

(3) 课程内容包括英语玩具总动员：学生们将使用各种英语教育玩具进行游戏和学习。这些玩具包括字母积木、单词拼图等。通过操作玩具和互动游戏，学生们能够直观地了解英语单词和句型，培养英语语感和增强表达能力。巧记单词：采用记忆法帮助学生高效记忆单词，如联想记忆、词根词缀记忆等。这些方法旨在让学生们更加轻松地掌握英语单词，扩大词汇量。

英语小游戏:引入各种英语小游戏,如角色扮演、猜谜语等,帮助学生们在游戏中学习英语知识,了解英语文化,同时增强跨文化交际能力。趣味场景英语对话:模拟各种实际场景,如超市购物、餐厅点餐等,让学生们进行英语对话练习。通过模拟实际场景和角色扮演,学生们能够更自然地运用英语进行交流,提高英语口语表达能力。走进四大发明,品味趣味英语:学生们将使用英语来讲解中国四大发明。这不仅有助于提升他们的英语口语表达能力,还能培养他们的文化自信心和跨文化交流能力。

(4) 课程实施:为确保课程的顺利实施并取得显著效果,教师将选择合适的教材和教学资源,确保教学内容的丰富性和吸引力。同时,教师将根据"走进四大发明,品味趣味英语"活动的特点选择合适的素材和资源,确保学生们能够全面、深入地了解中国的传统文化。

(十四) 趣味闯关课堂:智慧碰撞,闯关乐翻天

(1) 课程介绍:"趣味闯关课堂"以"玩中学,学中玩"为设计理念,将知识与趣味游戏相结合,让学生在轻松愉快的氛围中提升各项技能。课程采取积分赛制,每个家庭参与多轮关卡挑战,每通过一关即可获得积分,最终积分最高的家庭将获得丰厚奖励。

(2) 课程内容:课程关卡设计丰富多样,涵盖了反应力、注意力、数字敏感度、观察力、联想力、记忆力和执行力等多个方面的锻炼。在"快速反应"关卡中,孩子们需要迅速响应老师的指令,指出对应的物品或数字。这不仅锻炼了他们的反应力,也增强了专注力。在"数字寻宝"关卡中,孩子们需要凭借数字敏感度,在规定时间内找出与数字相关的物品或图案,锻炼了他们的数字认知能力和观察力。而"小小超市采购员"关卡则需要亲子合作,孩子和家长们需要按照购物清单进行采购,不仅锻炼了孩子们的记忆力和执行力,同时也促进了亲子关系的融洽。

(3) 课程效果:学生们在游戏中学习新知识,提升各种技能,享受学习过程的同时,也活跃了课堂气氛,提高了学习积极性。家长们也积极参与其

中，与孩子共同完成任务，不仅增强了亲子间的互动和沟通，也让他们更加了解彼此。此外，通过课程的关卡设计，孩子们的身心健康成长也得到了实质性的提升。

（十五）二十四节气课堂：节气之旅，探寻中华智慧之源

（1）课程介绍：为了满足学生对多元化知识的渴求，并促进他们的全面发展，南孔学堂精心打造了一门名为"二十四节气课堂"的特色课程。课程以中国传统文化的瑰宝——二十四节气为核心，通过一系列丰富多彩的活动，引导学生深入了解这一古老而富有智慧的节气文化，培养他们尊重自然、顺应自然规律的价值观。

（2）课程背景：二十四节气，作为中国古代农耕文明的产物，蕴含着丰富的自然规律和人文智慧。它是古人敬畏自然、尊重自然、顺应自然、保护自然的体现，展现了中华民族对天人合一可持续发展理念的深刻理解。南孔学堂旨在通过"二十四节气课堂"，让学生重新认识和珍视这一宝贵的文化遗产。

（3）课程设计：课程采用集知、讲、画、行、食于一体的教学模式，让学生在全方位、多角度的体验中感受二十四节气的魅力。知：通过阅读《这就是二十四节气》等经典书籍，引导学生初步了解每个节气的由来、特点和意义，为后续深入学习奠定基础。讲：邀请专家学者讲解与二十四节气相关的经典文献和故事，让学生深入了解其历史背景和文化内涵，增强文化认同感。画：鼓励学生根据自己对二十四节气的理解和感受进行艺术创作，培养他们的审美能力和创造力，同时加深对节气文化的理解。行：组织学生走出教室，走进大自然，通过亲身体验和实践，感受每个节气的变化和自然的奥秘；安排节气歌手势舞等互动环节让学生在欢乐氛围中加深对节气的记忆。食：介绍与每个节气相关的传统食物和饮食习惯，让学生在品尝美食的同时，了解中国的饮食文化，增加对传统节气的认同感。

（4）课程意义：通过学习"二十四节气"课程，学生将开阔视野、拓宽知识面，了解更多古人的智慧和传统文化。同时，课程还能提升学生的语文、地

理、历史等学科素养，培养他们的跨学科综合能力。更重要的是，学生将从中学习到尊重自然、顺应自然规律和适应可持续发展的理念，为他们的健康成长和未来发展奠定坚实的基础。

（十六）喜迎亚运课堂：携手亚运，共创未来

(1) 课程简介："喜迎亚运课堂"旨在增强学生的综合素质，通过多元化的教学活动，让学生深入了解亚运会的历史与文化，理解其精神与价值。课程不仅致力于提高学生的礼仪素养和行为习惯，还着重培养学生的社会责任感、环保意识和新闻报道能力，为学生成为时代好少年奠定坚实基础。

(2) 课程内容包括亚运历史与文化：带领学生了解亚运会的起源、发展历程以及亚洲各国的文化特色；回顾中国参加亚运会的辉煌历程和卓越成就，激发学生的民族自豪感和爱国情怀。亚运体育知识：介绍亚运会的体育项目、比赛规则及运动员技能，让学生领略体育竞技的魅力和亚运会的体育精神；教授观赏技巧，让学生在观看比赛时更加投入和享受。童心向党迎亚运，争做时代好少年：通过演讲比赛、主题讨论等活动，引导学生深入了解亚运会的历史和文化内涵，培养他们的爱国情怀和体育精神，争做新时代的优秀少年。少年有礼，喜迎亚运，逐梦献礼，心心相"溪"：帮助学生了解亚洲各国的礼仪文化特点，拓宽他们的国际视野和提升跨文化交流能力，培养他们尊重他人、友善待人的良好品质。亚运播报：模拟亚运会的新闻报道和宣传活动，让学生了解新闻传播的机制和技巧，培养他们的新闻宣传素养；介绍如何撰写新闻稿件、拍摄照片和视频等实用技能。垃圾拾捡计划：组织学生参与环保行动，如垃圾分类、清理公园等，提高他们的环保意识和责任感，让学生在实践中学会珍惜资源、保护环境。亚运小记者：模拟新闻采访的过程，让学生亲身体验新闻工作的流程和技巧，培养他们的新闻采编能力和团队合作精神。

(3) 课程实施：每个主题活动时间为 2 小时，可根据实际情况进行调整。课程实施过程中，教师注重学生的参与和互动，鼓励学生发表观点和提出建

议。课程结束后，教师组织学生进行总结和反思，评价自己在课程中的表现和收获。

（4）课程评价：课程评价包括课堂表现、作业、小组讨论和闯关测试等方面。教师通过观察学生的课堂表现、回答问题的能力和互动表现等评价学生的课堂参与度；根据课程内容布置相应的作业如写作、绘画、摄影等，评价学生的完成情况和质量；组织学生进行小组讨论或项目制作，评价学生的合作能力和贡献；设计闯关测试题，评价学生对亚运历史与文化、体育知识和新闻报道等内容的掌握程度。教师通过全面的评价体系确保课程目标的实现和学生的全面发展。

（十七）亲子活动课堂：从心出发，温暖每一个家

（1）课程介绍："亲子活动课堂"旨在通过一系列温馨而富有意义的环节，增进亲子之间的情感交流，促进家庭和谐氛围的形成，同时培养孩子们的感恩意识，让他们学会珍惜和回报父母的爱。

（2）课程内容包括开场与导入：由孩子们首先进行简短的自我介绍，让彼此有个初步的认识。教师以《乌鸦反哺》为引子，引导孩子们和家长共同探讨感恩的主题，让孩子们明白父母的辛勤付出和无私奉献。互动游戏环节：家长和孩子们进行"爱的抱抱"和"心灵感应"等游戏。在"爱的抱抱"游戏中，家长和孩子围成一个大圈，随着音乐的节奏舞动，当音乐停止时，他们互相拥抱，传递爱与温暖。而"心灵感应"游戏则通过抽取写有彼此特点的纸条，让家长和孩子更加了解对方，增进彼此的了解与信任。分享与表达环节：在"我亲爱的孩子"环节中，家长们纷纷表达对孩子的肯定与赞扬，让孩子们感受到家长的关爱与认可；"我想对你说"环节则让孩子们大声说出他们想要对家长说的心里话，用稚嫩而坚定的语言表达对父母的爱与感恩。手工制作与感恩环节：家长和孩子们一起制作感恩卡，写下对彼此的感谢和祝福。在制作过程中，孩子们不仅能学会如何表达自己的情感，还能体会到与家长共同创造的乐趣。最后，家长和孩子互换制作的感恩卡，增进彼此之

间的感情。

(3) 课程效果:通过南孔学堂“亲子活动课堂”,孩子们不仅与家长增进了情感交流,形成了和谐的家庭氛围,更是从小就能体会爱、明白爱、大胆表达爱。

(十八) 龙游文化课堂:感受龙游文化的魅力与温情

(1) 课程介绍:龙游,这片承载着春秋时期姑蔑故都厚重历史的土地,孕育了丰富多彩、源远流长的龙游文化。为了让新一代更好地传承和发扬这份宝贵的文化遗产,南孔学堂特设“龙游文化课堂”,带领孩子们走进龙游的历史长河,感受其独特魅力。

(2) 课程内容包括三个部分,分别是“龙游美食”“龙游建筑”和“龙游历史”。每个部分都围绕龙游文化的核心要素展开,通过细致入微的讲解和生动的体验活动,让孩子们全方位了解龙游文化的精髓。龙游美食:孩子们将品尝地道的龙游小吃和特色菜肴,感受家乡美食的独特风味。通过观看发糕等传统美食的制作视频,孩子们将深入了解这些美食背后的故事和技艺。同时,孩子们分享各自对美食的感受,在品味美食的同时,也感受到家乡文化的温暖和魅力。龙游建筑:孩子们将跟随教师的脚步,走进龙游的古建筑群,领略江南古建筑风格的独特韵味。通过教师的讲解和展示,孩子们将了解这些建筑的历史背景和文化价值,明白保护古建筑的重要性。同时,孩子们还可以亲手绘制古建筑模型,加深对龙游建筑文化的理解和记忆。龙游历史:孩子们将通过龙游的历史故事,了解龙游自古以来就是重要的经济文化中心的历史地位。通过教师的讲解和展示,孩子们将了解龙游的历史变迁和发展脉络,以及他们在建设家乡中的角色和责任。同时,课程还将结合互动环节,让孩子们发表自己的看法和感受,培养他们的思考能力和表达能力。

(3) 课程实施:课程采用教师引导、孩子们参与的教学方式。教师将通过视频、图片、实物展示等多种手段来引导孩子们了解和体验龙游的文化。

同时，课程鼓励孩子们积极参与互动环节，发表自己的看法和感受，让他们在轻松愉快的氛围中学习和成长。

(4) 课程效果：通过“龙游文化课堂”的学习，孩子们深入了解和体验了龙游的文化魅力，产生了对家乡的热爱之情和文化自豪感。同时，课程还可以培养孩子们的观察、思考和表达能力，提高他们的综合素质，让孩子们在传承龙游文化的同时，也为自己的成长和发展打下坚实的基础。

(十九) 民族文化课堂：探秘多彩中华

(1) 课程介绍：为了让孩子们深入领略中华文化的多元性和丰富性，南孔学堂精心开设了“民族文化课堂”，旨在增强孩子们的文化自信和民族自豪感，同时促进各民族之间的相互理解和团结。

(2) 课程目标包括让学生了解中华五十六个民族的文化特点，加深对民族文化多样性的认识；培养学生尊重各个民族文化的意识，增强民族团结精神；开展实践活动，让学生亲身体验和感受民族文化的魅力，增进对民族文化的认同和热爱。

(3) 课程内容包括中华五十六个民族文化简介：老师介绍中华五十六个民族的基本情况和分布情况，为学生们勾勒出中华民族大家庭的宏伟画卷。万华镜——探秘中华五十六个民族：学生们分组进行，每组选择一个民族进行深入研究。通过收集相关资料和信息，学生们将深入了解所研究民族的文化、风俗习惯等。各组将展示研究成果，分享学习心得，互相交流，从而加深对不同民族文化的理解。亲身体验民族文化魅力：学生们将有机会亲手制作和体验不同民族的文化特色。例如，手绘汉族油纸伞，感受油纸伞背后的历史和文化；制作鄂温克族的太阳花，领略鄂温克族文化的独特魅力；身穿汉服，沉浸于汉文化的韵味之中。画笔下的民族：学生们通过画笔表达自己对民族文化的理解和感受，创作属于自己的民族画作，展现对民族文化的独特理解和感悟。

(4) 课程实施：课程采用教师讲解、学生分组研究、实践体验、艺术创作等多种形式相结合的教学方式。教师通过多样化的教学手段，让学生们在轻松愉快的氛围中深入了解民族文化，感受其独特魅力。

(5) 课程效果：通过“民族文化课堂”的学习，学生们更加深入地了解中华文化的多元性和丰富性，增强文化自信和民族自豪感。同时，在亲身体验和感受民族文化的魅力过程中，学生们加深了对民族文化的认同和热爱，为传承和弘扬中华优秀传统文化贡献自己的力量。

(二十) 异国文化课堂：文化交融，共筑国际视野

(1) 课程介绍：在全球化的时代背景下，国际化教育已成为塑造未来人才的关键。南孔学堂紧跟这一趋势，精心打造了“异国文化课堂”，旨在为学生们提供一个深入了解和体验不同国家文化的平台。

(2) 课程目标包括让学生们通过了解不同国家的文化特点，拓宽国际视野，增强对世界各国文化的认识和理解，从而形成多元文化观；培养学生尊重异国文化的意识，促进文化间的交流与融合；开展实践活动，让学生们亲身体验异国文化的魅力，为未来的国际发展奠定坚实基础。

(3) 课程内容包括异国文化简介：课程伊始，教师将介绍不同国家的地理、历史、文化等基本情况，让学生们对各国的文化有一个初步的认识。同时，展示具有代表性的异国服饰、建筑、艺术品等，让学生们更直观地感受异国文化的特点。异国服饰体验：为了让学生们更深入地了解不同国家的服饰文化，教师将准备各种异国服饰，如美国牛仔裤、韩国韩服、西班牙斗牛士装、日本和服等。教师将身着各国服饰进行展示和讲解，学生们可以自行选择喜欢的服饰进行试穿，亲身感受异国风情。异国美食制作：学生们将分组制作各国美食，如美国汉堡、韩国泡菜、西班牙披萨、日本寿司等。在教师的指导下，学生们将学习制作各国美食的基本步骤和方法，体验异国美食的独特魅力。异国舞蹈表演：为了让学生们感受不同国家的舞蹈文化，教师将准备各国音乐和舞蹈道具。教师将进行舞蹈表演和讲解，让学生们了解异国舞蹈的风格和特点。同时，学生们也可以自愿参与舞蹈表演，感受异国舞蹈

的韵律和节奏。异国文化分享：学生们将分组选择一个国家进行深入研究，收集相关资料和信息。各组将展示研究成果，介绍所研究国家的文化、风俗习惯等。通过互相交流和分享研究成果，学生们将加深对异国文化的了解。

五、南孔学堂项目运作模式与实施流程

（一）南孔学堂组织架构

（1）项目组长：陈恬伊。

（2）班主任：李嘉怡、陆欣妍、毛宇森。

（3）主讲老师：陈恬伊、叶星辰、何明、李嘉怡、陆欣妍、沈颖浐、陆诗洁、孙涵、陈珈怡、张乐怡、赖晨依、季欣欣、李书怡、毛宇森、辛颖。

（4）助教：陈恬伊、叶星辰、何明、李嘉怡、陆欣妍、沈颖浐、陆诗洁、孙涵、陈珈怡、张乐怡、赖晨依、季欣欣、李书怡、毛宇森、辛颖。

（5）生活指导老师：陈恬伊、叶星辰、何明、李嘉怡、陆欣妍、沈颖浐、陆诗洁、孙涵、陈珈怡、张乐怡、赖晨依、季欣欣、李书怡、毛宇森、辛颖。

（6）安全员：赖晨依、季欣欣、李书怡、辛颖、陆诗洁。

（7）技术指导：毛宇森、何明。

（8）心理老师：叶星辰、李嘉怡、陆欣妍、沈颖浐、陈珈怡。

（9）采购人员：孙涵、陈恬伊、张乐怡。

（二）南孔学堂选拔标准

1. 组织人员选拔原则

（1）共青团员或党员，无宗教信仰。

（2）德才兼备、以德为先、成绩优异、作风正派、团结协作。

（3）乐意为同学服务、热爱学生工作。

（4）同学公认、注重实绩。

(5) 公开、平等、竞争、择优。

(6) 热爱志愿活动。

(7) 具备高尚的师德,以身作则,言传身教。

2. 南孔学堂项目组长选拔原则

(1) 民主选拔原则:选拔过程应公开透明,广泛征求组员的意见并尊重大多数人的选择。

(2) 择优选拔原则:选拔主要基于个人的能力和表现,如沟通交流能力、领导能力、创新能力等。通过比较、评估、筛选等程序,选择最优秀、最符合要求的人。

3. 班主任选拔原则

(1) 公开公正原则:选拔过程应公开透明,尊重大多数组员的选择。

(2) 师德第一原则:班主任作为学生的引导者和榜样,应具备高尚的师德,以身作则,言传身教。

(3) 注重能力原则:基于个人的能力和表现,如教学能力、组织管理能力等,对候选人在教学计划、教学方法、班级管理等方面的表现进行综合考核。

(4) 实干敢为、注重实绩原则:班主任需要有实干精神,敢于面对困难和挑战,同时,更应注重实际工作成果,以实际行动来证明自己的能力。

4. 主讲老师选拔原则

(1) 专业能力原则:主讲老师应具备扎实的专业知识和教学技能,能够熟练掌握所教授的课程内容,并具备一定的教学研究能力。对于一些特定的课程,老师应耐心地反复磨课。

(2) 师德风范原则:主讲老师需要遵守职业道德,具有强烈的事业心和协作精神,治学严谨,教风端正,教书育人,为人师表。

(3) 工作态度原则:主讲老师应对本职工作充满热爱,展现出较强的敬业精神,严格遵守和执行项目组长和班主任的安排。

(4) 注重能力的原则：基于个人的能力和表现，如教学能力、组织管理能力、沟通交流能力等，对主讲老师在教学计划、教学方法等方面的表现进行综合考核。

5. 助教选拔要求

(1) 在主讲老师上课期间，课前点名，联系未到班级的同学，管理课堂秩序，收发作业本，记录课堂状况。

(2) 与主讲老师配合，准备好上课材料。对于出现矛盾的学生及时沟通交流，确保学生身心健康发展。

(3) 成绩良好，能辅导学生作业，工作责任心强，心思细腻，可以照顾到每一个学生。

6. 生活指导老师选拔标准

(1) 遵守教师职业道德规范，以身作则，为人师表。

(2) 工作认真负责，善于表达沟通，具备言传身教的能力，德才兼备[①][②]。

(3) 热爱本职工作，有较高的职业道德，无违反生活指导老师职业道德的行为。

(4) 遵守生活指导老师一日工作常规，无迟到现象，能够做好学生生活方面的工作。

7. 安全员选拔标准

(1) 具备一定的急救、安全工作管理知识。

(2) 在身体条件上，有良好的健康状况。

(3) 能定期进行培训和演练。

---

① 钟毓．现代师徒制下高职院校学生创业能力培养模式构建研究：以××院校连锁经营管理专业为例[J]．教育现代化，2018，5(3)：35－37＋47．

② 梁作华，杨继勇，刘婷．现代学徒制高素质“双导师”队伍建设措施的研究[J]．汽车实用技术，2021，46(3)：176－178．

8. 技术指导选拔标准

（1）专业技能和知识：需要具备相关的专业技能和知识，能够熟练掌握所要指导的技术或领域。

（2）工作技能：具有技能证书，例如计算机二级证书，能为课堂提供技术指导。

（3）个人素质：有良好的职业道德、责任心、沟通能力和团队协作精神。

9. 心理老师选拔标准

（1）具有良好的师德，注重教书育人，为人师表。

（2）具备扎实的心理学专业知识和技能。

（3）具有一定的教学经验，能够为学生提供有效的心理咨询和辅导服务。

（4）具有良好的沟通能力和团队合作精神，能够与学生、家长和同事建立良好的关系。

10. 采购人员选拔标准

（1）专业素养：采购人员需要具备较强的采购技能和知识储备，包括了解采购工作流程、熟悉采购法规和操作流程等，同时对采购市场和产品有较好的了解。对于某些特定的产品，如电子产品，还需要了解所负责专项产品的系列、型号和封装等基本知识；对于项目现有产品系列基本功能也需要有所了解。

（2）商务知识：除了专业知识外，采购人员还需要具备一定的商务知识，如合作谈判技巧等。

（3）诚信和责任心：采购人员在工作中需要处理大量的资金和物资，因此需要具备高度的诚信和责任心，以确保工作的公正性和准确性。

（4）协调能力和团队合作精神：采购工作往往涉及多个部门的协作，因此，采购人员需要具备良好的协调能力和团队合作精神。

（三）志愿者招募和培训

在南孔学堂项目伊始，项目组便通过官方渠道，如钉钉、学校官方公众号等，积极展开招募宣传活动，广泛吸引有志于教育事业的志愿者加入南孔学堂大家庭。在南孔学堂项目中，招募的主要对象为英语师范、小学教育和商务英语专业的同学。因为他们具备相关学科背景和教学能力，所以更有望胜任这一教育岗位。

为确保志愿者队伍的教学质量，项目组成员实施了一套严格的选拔机制，其中包括四轮深入的考核。首轮面试中，候选人需进行自我介绍，并展示自己的教学特长和特色课程，以便项目组成员初步了解他们的教学水平和个人素养；在第二轮面试中，候选人将接受结构化面试，展现他们的语言表达能力、组织能力、思维能力和课堂管理能力等方面。这些能力是教学活动中必不可少的，因此项目组将对候选人的这些能力进行严格的评估。

在第三轮面试中，候选人将进一步展示其教学能力，包括教学内容的设计、教学方法的应用以及课堂氛围的营造等。经过细致的评估后，项目组成员将最终选拔出主讲组、课程设计组和宣传组的精英成员。这些成员将接受进一步的培训和指导，以确保他们能够为南孔学堂的教学活动提供最好的支持和帮助。

在项目末期，项目组会对志愿者团队进行全方位的第四轮考核，考核内容涵盖六大方面：教学水平、溪口实地表现（通过新闻稿、视频和照片进行全面评估）、会议出勤率、溪口教学出勤率、对南孔项目的实际贡献（如撰写比赛文件、提出有益的发展建议等）以及个人所在部门的工作成效。南孔学堂项目组秉持公平、公正的原则，对每位志愿者进行细致评估，以确保他们的付出得到应有的认可。

为确保教学质量，南孔学堂每周都会组织例会，对即将进行的教学活动进行细致讨论和准备。每次前往溪口上课前，志愿者们都会对课程内容进行精心设计，对教学方法进行多次打磨，成员间相互提出修改建议并完善，上课内容通过项目负责老师审核后才最终确定，力求为孩子们提供最优质的教学体验。

在暑期夏令营来临之际，项目组进一步扩大了志愿者的招募范围，不仅面向全校学生招募，还加大了对来自外国语学院、教师教育学院等相关专业学生的招募力度。南孔学堂特别青睐那些具备扎实教学基础和一定教学经验的同学，期望他们能注入更多活力和专业度。为确保新招募的志愿者同样具备优秀的教学能力，项目组坚持执行两轮面试的机制。在第一轮面试中，南孔学堂对候选人的教学水平和个人素养进行初步了解；进入第二轮的候选人需进行 10 分钟的教学演示，以便项目组更深入地评估其教学实力和潜力。

在南孔学堂项目开展期间，志愿者们得到了溪口当地中银小学众多经验丰富的老师的鼎力支持和专业指导。他们每天都亲临现场，与项目组成员共同管理、共同教学，提出许多宝贵的建议以及家校沟通的办法。例如对于低年龄段的小朋友要增设表扬机制，提升其主动性；设置趣味环节，激发学生积极性；注重培养学生的优秀学习习惯；注意在教学过程中的角色切换等。这些建议和方法为南孔学堂的教学和管理提供了很大的帮助，使志愿者的教学活动更加规范、科学、有效。

同时，志愿者们还得到了来自衢州市实验学校教育集团的一线名师的指导。这些名师具有丰富的教学经验和先进的教学理念，启发志愿者们关注学生是否真正理解和掌握上课内容，教导志愿者们应给予学生思考的时间和空间，同时注重培养学生的能力。他们的加入不仅丰富了教学内容和方法，还为南孔学堂的志愿者团队提供了难得的学习机会。在名师的指导下，志愿者团队在教学技能、教学方法和课堂管理等方面都得到了很大的提升。

（四）南孔学堂项目实施流程

1. 教学安排

1）明确教学目标

在规划课程时，项目组首先明确课程的总体目标，确保它既能满足学生的学习需求，又能符合他们的能力水平。南孔学堂致力于弘扬中华优秀传统文化，深入挖掘南孔文化的精神内核，旨在打造一个传承与复兴儒学的精神高地。为此，项目组精心策划了国学课堂、南孔文化特色课程、素质拓展课程等一系列特色课程，旨在推动龙游地区的精神文明建设，同时促进南孔文化与浙江精神的深度融合。

在教学目标的设定上，项目组坚持实用性原则，将知识的拓展、能力的培养和素质的提升融为一体，致力于提高学生的社会适应能力、学习能力、创新能力、实践能力和交流沟通能力，为他们未来的全面发展奠定坚实基础。

为了更精准地满足学生的需求，项目组主要通过问卷调查等方式，深入了解学生的学习状况和实际需求，并据此定制课程计划，使教学更具针对性。项目组坚持以学生为主体、教师为主导的教育理念，灵活运用启发式、探究式、参与式、讨论式等多种教学方式，注重因材施教，以充分激发学生的学习兴趣和主动性，培养学生发现问题和解决问题的能力、自主学习能力、综合创新能力①②。

2）设计教学内容

项目组精心依据教学目标和教学领域，审慎挑选了与课程内容紧密相关的教材和资源。以“书山有路”这门课为例，项目组广泛搜罗优质课程视频，旨在帮助学生直观认识书法的基本笔画。同时，通过引导学生临摹书法家的经典作品，项目组期望学生能够深刻掌握基础字的结构，并在练字过程中领悟静心的道理。

为确保课程内容的逻辑性和连贯性，项目组精心组织教学内容，并通过制定详细的教学大纲来分解教学章节，实施单元化教学。此举不仅使教学

---

① 赵亮，王俊明，姚慧丽等. 数学拔尖创新人才培养的研究与实践：以哈尔滨理工大学数学实验班为例[C]//黑龙江省高等教育学会. 传承与创新：提升高等教育质量.［出版者不详］，2014：4.

② 曲萍，于明鑫，周晓宇. 钢结构设计课程教学实践的多元化路径探究[J]. 教育信息化论坛，2023(10)：33－35.

目标清晰明确，更有助于学生在系统化的学习流程中逐步深化对知识的理解与掌握。

对于每一个教学主题或模块，项目组都制定了详尽的教学大纲，其中涵盖了教学目标、教学重难点、教学方法、教学步骤与时间分配，以及关键概念和学习活动等要素，充分展示了项目组对教学质量和学生学习效果的重视与承诺。

3）选择教学方法

项目组灵活运用多种教学方法，包括讲授、讨论、案例分析、角色扮演、小组活动以及具有创新性的闯关形式，旨在满足不同学生的学习风格和个性化需求。通过多样化的教学方式，项目组致力于激发学生的学习热情，提升他们的学习效果。同时，项目组充分利用技术工具，如多媒体资源和互动软件，为学生打造更加丰富、优质的学习体验。这些技术工具不仅使教学内容更加直观易懂，还为学生提供了更多互动和实践的机会。

此外，项目组还特别注重设计实践性强的任务和项目，通过引导学生将理论知识应用于实际问题解决中，培养学生的实践能力和创新精神，使他们能够更好地适应未来社会的挑战。

4）制定时间表

项目组对一年的教学时间进行了精心分割，确保每周 4 个课时，一学期共设置 56 个课时。在每个教学板块，项目组都进行了合理的教学时间和教学周期分配，旨在确保课程进度的合理性。为了帮助学生更好地巩固所学内容，项目组实施了阶段性的复习计划，并每月组织教学展示活动，让学生通过展示学习成果，促进知识的内化和应用。同时，项目组也会根据学生的学习反馈和进展，及时调整教学时间和教学进度，确保教学质量和效果的最优化。

2. 活动组织

（1）成果展示：在阶段性学习后，组织学生进行成果展示，结合课堂所学，通过演讲、实践操作、互动展示、作品集等方式展示所学内容，培养学生的表现力、口才以及全面发展的能力。

(2) 研学活动:通过手工制作竹编、竹筒等研学活动,培养学生的手艺技能、实践能力,激发创意思维,在体验非遗中传承非遗文化。

(3) 亲子课堂:为家长和孩子提供一个互动的机会。通过参与课堂活动,双方可以更加了解彼此的想法和感受,从而增进感情。这些活动能够锻炼孩子在体能、认知、情感等方面的能力,有助于孩子的全面发展。家长也可以更深入地了解孩子的兴趣、爱好、优点和不足,从而更好地指导和支持孩子的发展,增强家庭的凝聚力和向心力。

3. 成果评估

(1) 通过建立"一人一档",要求每个老师对五位学生的基本信息、爱好、平时表现等进行记录,对学生的平时表现进行录制拍摄,以便全面评价学生的学习成果。

(2) 制定明确的评分标准,确保评估过程公平、客观。老师通过"一回答一激励"的方式,对上课准时到课堂、积极回答问题、作业认真完成的同学给予鼓励,并在最后进行汇总,选出最佳学员。

(3) 为学生提供定期的反馈,以便学生能够了解自己的学习进度并调整学习策略。老师还会定期和家长反映学生在课堂的表现情况。

4. 反思与调整

(1) 在教学过程中不断收集学生的反馈,以便了解学生对课程的感受和建议。

(2) 根据学生的表现和反馈,及时调整教学方法和内容,以满足学生的学习需求。

(3) 在课程结束后进行总结和反思,以便改进未来的教学安排。

(五) 监督、评估与持续提升之路

在南孔学堂这个承载着传承和弘扬中华文化使命的项目中,项目组深

知一个严谨、系统的监督和评估机制是确保其长久稳健发展、保持高水平教育质量的基石。

每周，当两位主讲老师和两位助教老师踏上前往溪口的征程时，他们不仅带着教课的任务，更带着彼此监督、相互学习的责任。这种内置的监督机制如同一个自律的磁场，让每一位成员都能在完成任务的同时，自我约束、自我提升。它提高了志愿者老师的工作效率，强化了团队之间的默契，使协作变得更加流畅和自然。

暑期项目开展期间，这种监督和评估的精神更是渗透到了每一个细微之处。团队成员之间不仅相互评估工作成果，更是对自己在项目中的角色、贡献进行深度反思。这种“镜子效应”让每位成员都能看见自己的长处，也能直面自己的不足，从而为下一步的发展找到明确的方向。

当一学期即将结束时，项目组会启动一个全面的考核程序，对新老成员进行全面评价。这个考核并不是一个简单的打分过程，而是一个回顾、总结、提炼和期待的过程。每一个考核项背后，都隐藏着志愿者们的汗水、智慧和付出，同时也寄托着项目组对成员们更高、更远的期待。

此外，南孔学堂与家长的紧密联动也是南孔学堂项目确保教学质量、促进孩子全面发展的另一个重要途径。志愿者老师会定期将孩子们在课堂上的学习情况、进步和需要努力的地方反馈给家长，让家长能实时了解孩子的学习动态。同时，南孔学堂也积极鼓励家长为志愿者老师们提供宝贵的建议和意见，帮助每一位成员不断完善教学内容和方法，让教育更加贴近孩子的实际需求。

但真正的教育并不仅仅发生在课堂之内。课后，志愿者老师更是注重从孩子们那里获取直接的反馈。每一位团队成员都会认真进行每日和每周的总结，深入思考自己在教学过程中的得失，以便及时调整教学策略，更好地满足学生的学习需求。这种对教学的深度反思和总结，使得南孔学堂能在实践中不断调整、优化，始终保持与时俱进的教育理念和方法。

当然，南孔学堂的成长离不开外部的支持和帮助。溪口当地中银小学的老师在听完志愿者老师上课后，都会给予中肯、专业的指导建议。他们丰富的教学经验和独到的教育见解，为志愿者老师们的教学提供了宝贵的参考。此外，南孔学堂还特邀了一线名师为志愿者老师们提供专业指导，帮助他们拓宽教学思路，吸收最新的教育理念和技术，进一步提升教学能力。

第四章

研究方法与实证分析

在本章中，笔者详细阐述了本书的研究方法与数据来源，并据此进行了深入的实证分析。

研究方法上，本书主要采用混合研究方法，即结合了定量与定性研究手段，以确保研究的全面性和深度。具体而言，本书运用了观察法、问卷调查法和深度访谈法等多种方法。

在数据来源方面，首先，笔者亲自前往南孔学堂，对教学活动进行了细致入微的现场观察，详细记录了大学生们的表现、互动以及课堂氛围，从而获取了宝贵的第一手资料。其次，笔者设计了一份详尽的调查问卷，内容涵盖知识拓展、能力提升、心智成熟、人生规划等多个方面，并通过发放问卷，收集了参与南孔学堂支教项目的大学生们在实践过程中的成长体验和感受。最后，基于问卷调查，笔者选取了一批具有代表性的大学生进行深度访谈，深入了解他们在南孔学堂的亲身经历和成长历程。

在实证分析过程中，笔者对每一种研究方法都进行了系统的梳理和总结。首先，笔者介绍了观察法的定义、目的、步骤，并详细阐述了数据来源、分析过程和结论，以及基于此提出的建议。接着，笔者对问卷调查法和深度访谈法也进行了同样的处理，确保了研究的全面性和严谨性。

一、研究方法与数据来源

为了深入探究大学生在南孔学堂社会实践中成长的影响因素，本书采用了混合研究方法，即结合定量与定性研究手段。具体的研究方法包括观察法、问卷调查法、深度访谈法。

首先，笔者对南孔学堂的教学活动进行现场观察，记录大学生的表现、互动以及课堂氛围等，获取第一手资料。其次，笔者设计了一份详细的问卷，涵盖知识拓展、能力提升、心智成熟、人生规划等多个维度，通过发放问卷，收集参与南孔学堂支教项目的大学生在实践过程中的成长体验和感受。最后，在问卷调查的基础上，笔者选取了一部分具有代表性的大学生进行深度访谈，进一步了解他们在南孔学堂的经历和成长过程。所有收集到的数据都经过严格的整理和分析，以确保研究的准确性和可靠性。

二、实证分析

(一) 观察法

1. 观察法的定义与目的

观察法是研究者直接观察并记录研究对象的行为、活动、现象等，以获取真实、直接的数据资料的研究方法。在南孔学堂支教项目的研究中，观察法被用来了解大学生在社会实践中的具体表现和成长过程。

2. 观察法的实施步骤

1）制定观察计划

观察对象是南孔学堂项目成员：董丽佳、陈恬伊、陆珍、叶星辰、陆欣研、沈颖洴、何明、陈珈怡、李嘉怡、商宇星、孙涵等 11 位同学。观察内容是他们在课堂教学与团队协作中的表现。

2）实施观察

董丽佳——南孔学堂项目创始人

在项目实施期间，董丽佳同学肩负起多重职责，她不仅招募团队成员，还负责项目的外部沟通、团队管理、家校之间的协调、外宣文案撰写、结业典礼的文艺演出筹备等。

在课程方面，董丽佳主要负责国学课堂。在国学课堂上，她精心设计了课程内容。前四次课程中，她着重于经典国学的朗读和作揖礼的教学。首次授课时，她满怀激情，声音洪亮，以身作则地引领学生们大声朗读。第三次课时，她专注于教授作揖礼。学生们在她的指导下，有模有样地完成了动作。然而，在第五次课时，学生人数减少，且部分学生显得心不在焉。尽管如此，董丽佳并未气馁，同时还得到了朋友们的安慰与鼓励。到了第六次课，她巧妙地通过孔子后代南下的故事激发了学生们的学习兴趣，结合互动抢答，使课堂氛围变得活跃起来。她的国学课堂得到了学生们的高度评价，在随后的公开课和磨课活动中，她的教学热情和耐心更是赢得了大家的认可。

在第二期项目中，董丽佳不仅继续负责国学课堂，还开设了演讲与口才、趣味英语和手工课程。在她的课堂上，最闪光的地方就是 PPT 很精美，课堂上精神饱满、耐心且有趣，学生特别喜欢和她交流，亲切地称她为“小董老师”。在演讲课堂上，她通过案例教学，让学生们学会了自我介绍、家乡介绍等实用内容，消除了他们对演讲的恐惧。在英语课上，她将国学知识融入口语教学，采用场景教学法，让学生在实践中学习，学会如何用英语介绍自己、介绍他人、介绍中国四大发明。在手工课堂上，她引入了龙游溪口的特色产品，指导孩子们制作竹制相框，并利用当地的自然资源开展环保面具制作活动。她还组织了一场环保面具舞会，让孩子们在游戏中学习，同时也增进了亲子间的互动。

针对学生们书写不规范的问题，董丽佳积极推动南孔学堂开设书法课堂，并成功争取到了字帖、毛笔等学习用品的免费供应。她还强调要纠正学生的坐姿，为孩子们的健康着想。

在安全管理方面，董丽佳坚持安全无小事的原则，推动设立安全委员会并配备安全老师，确保学生的安全。在一次家长未按时接孩子的事件中，她一直陪伴孩子至家长到来，展现了她对学生的关爱与责任。

作为团队的核心成员，董丽佳总是主动承担责任，无论是与溪口镇政府的沟通，还是亲子活动的策划与执行，她总是主动承担任务。她成功策划并举办了一场 200 多人参加的环保面具舞会，从策划到执行，都亲力亲为，确保了活动的顺利进行。她的付出和努力使得团队活动和谐顺利。她也因此赢得了团队成员的尊敬与喜爱。

经过南孔学堂项目的历练，董丽佳变得更加成熟和自信。回到大学后，她不仅更加尊敬师长，还积极递交了入党申请书。在课堂上，她更加积极地提问和与老师探讨问题，学习成绩优异。她经常在图书馆自习，是班主任的得力助手，也是班里的生活委员，关心同学，乐于助人。在疫情期间，她主动承担测体温的任务，并参与了核酸检测志愿活动。她还多次陪同同学去医院看病，展现了她的关怀和责任感。

在南孔学堂项目第二期时，尽管董丽佳已经报名考研，但她依然选择参与项目。最终，她决定放弃考研，因为她认识到自己的兴趣和特长在于与人沟通，而非学术研究。她坚信，实现人生价值的途径有很多，不仅限于学术道路。毕业后，董丽佳同学从事银行工作，主要负责开发储蓄客户。她的管理能力得到了认可，很快就被提拔为后勤管理专员。然而，她选择了更具挑战性的业务员岗位，凭借出色的业务能力和显著的业绩，她在新的岗位上取得了成功。

陈恬伊——南孔学堂项目继董丽佳同学的第二位负责人

陈恬伊同学尽管在自信和沟通技巧上可能略逊于董丽佳同学，但她在第三届亲子活动——环保面具舞会中的表现却让人眼前一亮。她以一种温和而亲切的方式与孩子们互动，这种独特的气质使得她在孩子们心中占据了特别的位置。陈恬伊同学对舞蹈的热爱不仅感染了小朋友，也激发了他们对舞蹈艺术的兴趣和热情。她耐心地教授华尔兹的优雅、印度舞的韵律以及街舞的活力，让小朋友们在舞蹈的世界里找到了乐趣和自我表达的方式。在南孔学堂的结业典礼晚会上，小朋友们的舞蹈表演成为了一道亮丽的风景线，他们的进步和天赋让所有观众都感到惊喜和骄傲。

在南孔学堂的日常管理中，陈恬伊同学展现出了极高的责任感和细致的工作态度。她坚持为每位学生建立详尽的个人档案，记录他们的学习进度、课堂表现和兴趣爱好。这种一丝不苟的管理方式，不仅帮助教师团队更好地了解每个孩子的个性化需求，也为项目的持续改进和质量提升提供了宝贵的数据支持。通过这种方式，南孔学堂能够更精准地评估教学效果，更有效地激发孩子们的学习热情，同时也为家长提供了一个了解孩子在校表现的窗口。

南孔学堂项目的经历对陈恬伊同学个人的学习和成长也产生了较大的影响。她变得更加主动和自信，老师们都对她的变化给予了高度评价。现在，她更愿意坐在教室前排，积极参与课堂讨论，她回答问题的积极性和作业的正确率都有了显著的提升。陈恬伊同学不仅在学术上取得了进步，她还积极投身于各种课外活动，特别是对志愿者活动表现出了浓厚的兴趣。她通过参与项目申报和各类比赛，不断提升自己的实践能力和团队合作精神。

陆珍——南孔学堂项目成员

陆珍同学作为首次参与南孔学堂项目的成员，担任了素质课的课堂老师，主要负责设计引人入胜的小游戏以及教授演讲与口才课程。在游戏设计方面，她带来了创新和活力，"真心话大冒险""你划我猜"以及"亚运知识闯关"等游戏均出自她的巧思。这些游戏不仅为孩子们的课堂增添了乐趣，也有效促进了他们的互动与交流。

在团队协作中，陆珍同学扮演了协调者的角色，负责排课和课程管理。她的工作确保课程内容既有知识深度，又不失娱乐性，实现了教学与娱乐的完美平衡。她的管理能力得到了团队的认可，为南孔学堂的课程安排增添了秩序与效率。

除了在教学上的成就，陆珍同学在个人发展上也表现出了卓越的追求。她积极递交了入党申请书，展现了她的社会责任感和对党组织的向往。在忙碌的教学和管理工作之余，她依然将学习成绩保持在优秀水平，这体现了她出色的时间管理能力和自我驱动能力。

叶星辰——南孔学堂项目成员

叶星辰同学作为南孔学堂项目的新生力量，首次参与便担任了二十四节气课程的教师。他以独特的教学方式，引导孩子们制作二十四节气轮盘，根据各个节气手绘花草，并通过画树的方式来记忆二十四节气，巧妙地将传统的农耕文化融入到教学之中，让孩子们在实践中学习和感受季节的变换和自然的魅力。

起初，叶星辰对于站在讲台上授课感到紧张和不安。但在担任课程助理并积累了两周的经验后，他鼓起勇气，自信地走上了讲台，开始了他的教学之旅。在团队中，叶星辰不仅参与了课堂教学，还积极协助课堂拍摄和外宣报道的文案撰写工作。他对待工作认真严谨，面对任务总是任劳任怨，不断追求卓越。

叶星辰在撰写报道时表现出了极高的专业精神和细致入微的态度，一篇报道往往要经过十次甚至更多次的修改和打磨。在这一过程中，他的英语写作能力得到了显著提升，这也反映了他在个人专业技能上的不懈努力和持续进步。

陆欣研——南孔学堂项目成员

陆欣研同学带着前一次的经验，以宣传部长的身份再次投身于南孔学堂项目中，肩负起外宣文案的审核重任。她以严谨的态度确保每一篇文案都能准确传达南孔学堂的教育理念和文化精神。在她的领导下，宣传部的工作高效而有序，为南孔学堂的对外形象增添了光彩。

除了文案工作，陆欣研还与其他同学协作，共同开发了“万华镜——探秘中华五十六个民族”这一课程，带领孩子们走进中国多民族的丰富文化，开阔了他们的视野。同时，她也参与了《美丽中国》舞蹈的编排工作，将对舞蹈的热爱和对美的追求融入到教学中，让孩子们在舞蹈中感受中国的美丽和传统文化的魅力。

在课堂设计上，陆欣研特别推出了“画汉族油伞”这一创意活动，不仅教授孩子们绘画技巧，更通过这一传统工艺品，传递了汉族的文化特色。她的这些创新举措，让南孔学堂的课程更加多元化，也更加生动有趣。

陆欣研在南孔学堂项目中的表现比以往更加充满活力，她的特长得到了充分的发挥。在竞赛方面，她也展现出了明显的进步，积极报名参加了多项竞赛，不断提升自己的能力和水平。在校迎新晚会上，她编排的舞蹈节目大放异彩，赢得了师生们的一致好评，展现了她在舞蹈方面的才华和努力。

沈颖洢——南孔学堂项目成员

沈颖洢同学作为南孔学堂项目的资深成员，担任了“亲子活动——森林假面舞会”的负责人。在这个职位上，她展现了卓越的协调能力，无论是主持人的选拔、活动时间的安排、场地的布置，还是活动互动环节的策划，她都能够细致入微地处理每一个细节，确保活动的顺利进行。她的组织和协调才能，让森林假面舞会成为了一个家庭和孩子们难忘的体验。

除了亲子活动的策划，沈颖洢还负责南孔学堂每周的“活动小记”和“新闻稿撰写”工作。在她的笔下，活动小记不仅记录了活动的点点滴滴，更在反思与建议方面做出了深入的探讨，使得每次活动都能有所收获。她的新闻稿质量高，一次性过稿率不断提升，这不仅提高了工作效率，也强化了南孔学堂对外宣传的专业形象。

在大学课堂上，沈颖洢特别注重师范生技能的学习，她深知专业技能对一名教师的重要性。她不仅在课堂上积极学习，还投身于实践，目前正在积极筹备师范生技能大赛，希望通过这样的竞赛平台，进一步提升自己和同学们的教学技能。

何明——南孔学堂项目成员

何明同学，作为初次参与南孔学堂项目的新生，最初担任课程助教，随后负责起小朋友们的体育活动课。在项目的中期，他积极参与了“我以我行护溪口”“废物变宝”“垃圾回收”等环保主题活动，并承担起教授二十四节气等文化课程的责任。何明同学在项目初期对于教学工作并不十分热衷，他更倾向于与孩子们进行互动和游戏，这使得他自然而然地融入了体育课的教学中。

然而，何明同学乐于助人，每当同学们在教学上遇到难题或需要帮助时，他总能提供有价值的见解和建议。随着时间的推移，他的教学兴趣逐渐增长，开始涉足其他课程的教学工作。他的热情和努力不仅赢得了孩子们的喜爱，也获得了同事们的认可。

在大学的学习生活中，何明同学原本对文学、阅读和写作类课程不太感兴趣，但通过参与南孔学堂项目，他逐渐认识到了文字表达的重要性。这一转变促使他开始重视并加强这方面的能力。他开始认真阅读书籍，不断地复习和思考，通过不懈的努力，他在这些课程上的成绩有了显著的提升。

陈珈怡——南孔学堂项目成员

陈珈怡同学第二次参与南孔学堂项目时，怀着对书法艺术的热爱和对教育的憧憬，积极报名成为书法课程的教师。尽管起初她对于如何教授小朋友书法感到不自信，但在董丽佳同学的鼓励和帮助下，她加入了溪口南孔学堂的教师队伍，开始了她的书法教学之旅。

在教学过程中，陈珈怡同学经历了从最初的紧张和不确定，到逐渐掌握教学节奏，最终能够轻松自如地开展教学的成长历程。她的自我能力得到了显著提升，这种成长不仅仅是个人技能上的，更是体现在教学方法和自信心上。她看着小朋友们的书法一天天进步，心中充满了成就感和满足感。

陈珈怡同学不仅在教学上投入了极大的热情，她还积极为南孔学堂项目的发展出谋划策，建议项目负责人应该扩大项目规模，以便让更多孩子能够从中受益，这体现了她对教育事业的深切关怀和责任感。

在个人技艺上，陈珈怡同学同样取得了显著的进步，特别是在英语书写方面。她的努力和才华得到了认可，在参加的校级英语书写比赛中荣获一等奖，这一成绩不仅是对她书法技能的肯定，也是对她教学能力的认可。

李嘉怡——南孔学堂项目成员

李嘉怡同学在首次加入南孔学堂项目时，便担任了“演讲与口才”课程的负责人。她对教学充满了热忱，尤其钟爱采用闯关式教学法来激发孩子们的学习兴趣和参与热情。在每一次的闯关活动中，李嘉怡总是全情投入，她的喜悦随着孩子们的成功而绽放，她的鼓励随着孩子们的挑战而持续。即使孩子们未能一次成功，她也会不厌其烦地为他们加油打气，激励他们再次尝试，直至最终取得胜利。

作为孩子们的班主任，李嘉怡对每一个小朋友都倾注了极大的热情和关怀。她坚持实施“一人一档”的管理制度，确保每位学生的个人档案都能及时更新，详尽记录他们的学习进展、课堂表现和个性化需求。这种细致入微的管理方式不仅帮助她更好地了解和指导每个孩子，也为南孔学堂的教学管理提供了有力支持。

商宇星——南孔学堂项目成员

商宇星同学在第二次参与南孔学堂项目时，承担起了“二十四节气课堂”的主要负责人角色。他的职责不仅限于教授节气知识，更涉及课程内容的创意设计与活动形式的规划。在他的引领下，“二十四节气课堂”变得丰富多彩，涵盖了手工制作、手势舞、节气歌曲学唱、节气主题绘画以及知识竞答等多种形式，旨在通过多元化的教学方式，让学生们深入体验和理解中国传统节气文化。

商宇星同学还肩负着与指导老师的沟通协调工作，他在同学们备课和磨课后，积极与老师对接，认真听取老师的意见和建议。他不仅将这些宝贵的反馈及时传达给团队，还负责监督这些建议的实施，确保教学内容和方法的持续优化。

在与指导老师的互动过程中，商宇星展现出了越来越高的主动性和时效性。他的理解力和执行力得到了显著提升，这不仅加强了他与指导老师之间的合作关系，也为南孔学堂的教学工作带来了积极的影响。

孙涵——南孔学堂项目成员

孙涵同学在首次加入南孔学堂项目时，便承担起了负责早读的重任。她深知早读对于培养孩子们阅读兴趣和习惯的重要性。因此，她精心挑选了大量中文和英文诗歌、国学文章作为早读材料，使得早读课堂内容丰富多彩，充满知识性和趣味性。尽管这要求小朋友们提前到校，但孩子们对于参与这样的早读活动表现出了极高的热情和坚持，他们朗朗的读书声成为了校园里一道亮丽的风景线，也让孙涵同学感到无比的欣慰和快乐。

在大学的学习生活中，孙涵同学对于读书的热爱同样不减，她在英语阅读方面投入了大量的时间和精力，这使得她的英语阅读能力得到了显著的提升，英语成绩也有了大幅的提高。

3）整理观察资料

整理观察资料：①南孔学堂项目组成员有的参加了一次，有的参加了两次；②南孔学堂项目组成员有责任心、爱心，吃苦耐劳、合作共赢、互帮互助的精神较强；③南孔学堂项目组成员都认同大学生社会实践的重要性，非常愿意参加社会实践活动；④南孔学堂项目组成员在实践中学会了知识应用也得到了素质拓展；⑤南孔学堂项目组成员在实践项目中发挥了主观能动性并克服了实践中的困难；⑥南孔学堂项目组成员在实践项目中创新了教学方式；⑦南孔学堂项目组成员在实践中使专业知识得到巩固；⑧南孔学堂项目组成员在实践中使知识面得到拓展；⑨南孔学堂项目组成员在实践中使沟通能力得到锻炼；⑩南孔学堂项目组成员在实践中使其处理问题的能力得到提升；⑪南孔学堂项目组成员在实践中学到了一定的组织管理知识；⑫南孔学堂项目组成员在实践中使知识应用能力得到锻炼。

4）得出结论与提出建议

（1）通过参加南孔学堂实践项目，大学生得到了较全面的发展。在实践活动中，大学生不仅进行文化课程教授，同时进行手工、绘画、演讲、书法、实验等技能的教授，课程包括体育课、劳动课、美育课、心理课等。因此，今后大学生应该多参加社会实践，提升综合素质。

（2）大学生的知识得到拓展。南孔学堂的实践课程涵盖了多个领域，鼓励大学生跨学科学习，将不同领域的知识融合在一起，形成更全面的知识体系。因此，除了巩固专业知识，大学生在南孔学堂实践课程中还学到了大量新知识，这为其今后工作奠定了广泛的知识基础。今后，南孔学堂应鼓励大学生与其他同学交流学习经验，分享所学知识，形成学习共同体。这有助于他们相互学习、相互促进，共同提高知识水平。

（3）大学生的知识应用能力得到发展。通过给小朋友上课，大学生的专业知识、新知识以及兴趣特长都得到了施展的机会，南孔学堂为他们施展才能提供了较好的平台。这样的综合性教育有助于促进大学生的全面发展，提高他们的综合素质①。建议继续保持这种综合性的教育方式，确保学生能够获得多样化的学习经验。除了加强理论知识，实践活动对于大学生个人

---

① 洪小瑜. 把握关联性优化初中语文与历史的融合教学策略[J]. 考试周刊，2023(49)：53－56.

发展也非常重要。建议在南孔学堂实践项目中加强理论与实践的结合，鼓励学生将所学知识应用于实际情境中。这样可以帮助大学生更好地理解和掌握知识，培养他们的实践能力和解决问题的能力①。

(4) 大学生的沟通能力得到发展。通过与家长、小朋友、老师以及其他人员的接触，大学生学会了如何有效沟通，这为其今后的生活奠定了社交基础。建议继续鼓励大学生参与多样化的社交活动，与不同年龄、背景和职业的人进行交流，以进一步提升他们的沟通技巧和社会适应性。有效沟通不仅仅是表达自己的观点，更重要的是倾听他人的意见和感受。建议南孔学堂加强对大学生倾听和尊重他人能力的培养，教导他们如何积极倾听、理解他人的观点，并尊重不同意见的存在。

(5) 大学生的自学能力得到发展。为了上好课，大学生通过向指导老师学习、向同伴学习、向网络课程学习，使其自学能力得到充分发挥，同时，学会了如何抓住学习重点以及如何提高学习效率，这为其终身学习奠定了自主学习基础。建议鼓励大学生继续培养自主学习的习惯，为他们提供必要的学习资源和工具，如图书馆、在线数据库、学习软件等，使其能够更加方便地进行自主学习。此外，鼓励他们分享学习方法和经验，形成学习共同体。这样，大学生之间可以互相学习和帮助，共同进步。建议南孔学堂的指导教师定期为大学生提供学习上的建议和反馈，帮助他们更好地规划和管理自己的学习过程。

(6) 大学生的电脑与网络技术得到发展。大学生在备课前需要用电脑查阅资料，在课堂中需要使用多媒体设备教学，在课后需要利用网络反馈孩子们的学习情况、批改作业等。电脑与网络技术的熟练应用为大学生今后的工作奠定了技术基础。建议鼓励大学生使用所学的电脑与网络技术进行探索和创新。南孔学堂可以设立一些创新项目或竞赛，激发大学生的创新精神和主动性，也可以提供一些实际的项目或问题，让大学生使用所学的电

① 何鹏，汪洋，蔡睿妍.《通信原理》应用型教材建设的思考与实践[J]. 现代职业教育，2023(30):121-124.

脑与网络技术解决。这不仅可以加深大学生对技术的理解，也可以提高他们的技术应用能力。

(7) 大学生的创新能力得到发展。所有课程的设计以及上课模式的多样化无不体现大学生在不断地吸收和利用所学的知识，最后内化成自己的知识与能力，形成自己的风格。建议鼓励大学生对现有的知识和观念进行批判性思考，提出新的观点和见解。通过讨论、辩论等方式，培养大学生的批判性思维和创新能力。

(8) 大学生的独立性得到提升。通过参加南孔学堂项目，大学生较早地接触社会，学着独立，他们在具体的任务中发现问题并解决问题，这为其今后生活奠定了独立解决问题的基础。创新往往来自不同领域知识的碰撞与融合。建议南孔学堂进一步推动跨学科学习，鼓励大学生探索不同领域的知识，培养他们的综合思维。为了鼓励大学生持续创新，南孔学堂可以建立一套创新激励机制，如设立创新奖学金、优秀创新项目奖励等，激发学生的创新热情。

(二) 问卷调查法

1. 问卷调查法的定义与目的

问卷调查法是一种比较常见的调查方法，即通过一定数量的问卷题目向调查对象收集相关资料和信息的科学的研究方法。问卷调查法可以对大量调查对象进行快速、便捷的信息收集，适用于对大学生在社会实践中的成长影响因素进行量化分析。这种方法可以帮助研究者了解大学生在社会实践中的经历、感受、收获以及面临的挑战，进一步揭示影响其成长的关键因素，为优化社会实践项目和提升大学生成长效果提供实证依据。

2. 问卷调查法的实施与步骤

1）制定实施计划

笔者共设计三份调查问卷。第一份调查问卷针对南孔学堂学员；第二份调查问卷针对衢州学院在校大学生；第三份调查问卷的对象是南孔学堂项目成员。

2）实施问卷调查

首先，围绕南孔学堂学员的学习及收获情况设计调查问卷 1；其次，围绕大学生社会实践的必要性及大学生对社会实践的需求设计调查问卷 2；最后，围绕南孔学堂项目组成员在南孔学堂实践活动中的收获与对实践项目的建议设计调查问卷 3。调查问卷 1：通过问卷星发放问卷 67 份，回收 67 份有效答卷；调查问卷 2：通过问卷星发放问卷 306 份，收到有效答卷 306 份；调查问卷 3：通过问卷星发放问卷 34 份，收到有效答卷 34 份。

3）整理问卷调查资料

问卷调查 1：

南孔学堂暑期夏令营调查对象共 67 人，其中 1～2 年级 23 人，3～4 年级 22 人，5～6 年级 22 人。

图 1 表明，58％南孔学堂的学员已经参加过先前南孔学堂组织的活动。图 2 表明，98.51％学员对南孔学堂有归属感，反映了南孔学堂的项目受到学员的喜爱与支持。

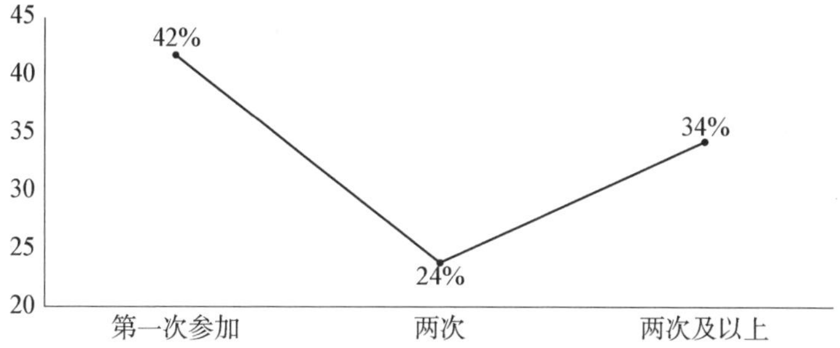

图 1　学员参加南孔学堂的次数

根据调查研究（见图 3），超半数学员都是通过学校老师推荐了解南孔学堂，可见南孔学堂也受到当地学校的支持与认可。

针对学员参加南孔学堂暑期夏令营的目的，调查研究表明（见图 4），大多数学员希望在南孔学堂能够锻炼独立自主的能力，结交新的朋友，学习新

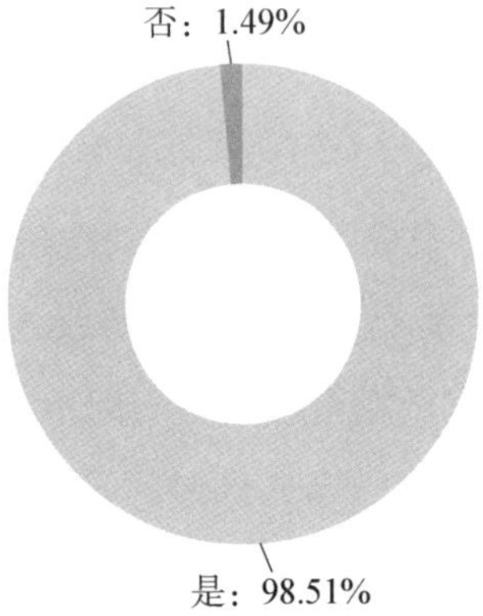

图 2 学员对南孔学堂是否有归属感

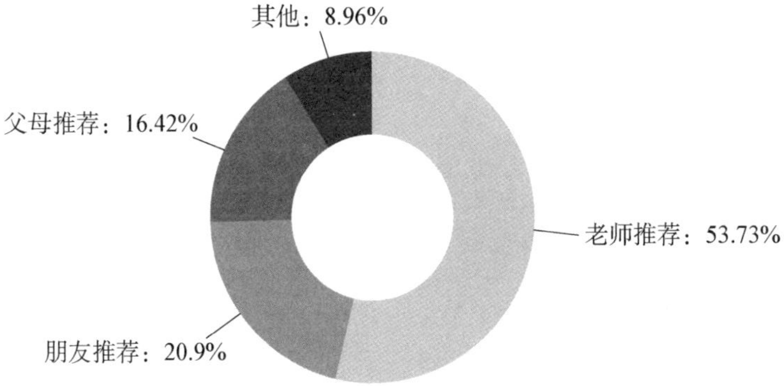

图 3 学员获取南孔学堂项目信息的渠道

的知识并获得专业的知识讲解。

此次南孔学堂夏令营期间，南孔学堂开设了“万华镜——探秘中华五十六个民族”“国学”“我以我行护溪口”“书山有路”“横跨时空的节气美”“世界正在说”“演说家的闯关之路”“我是小小科学家”“亲子新游记”等 9 门特色课程，满足学员对课外知识的渴望。从经典国学到非物质文化遗产二十四节气；从中华民族文化到世界命运共同体；从书法到演讲；从科学实验到校本课程“我以我行护溪口”，最终回归亲情的“亲子新游记”，南孔学堂给学员带来一场暑期盛宴，深受学员们的喜爱（见图 5）。

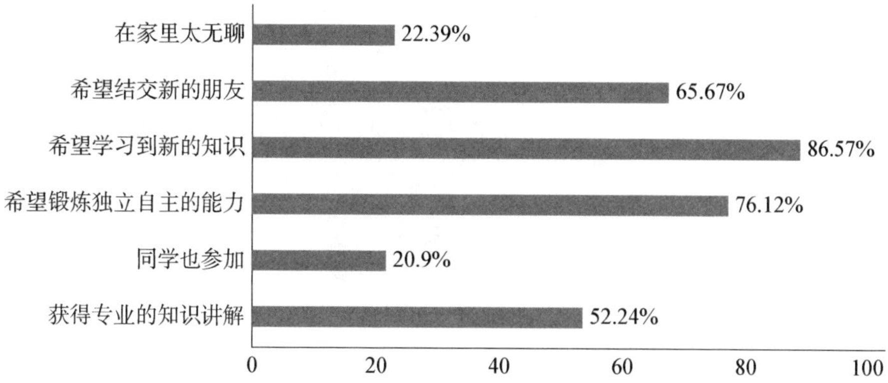

图 4　学员参加南孔学堂项目的动机

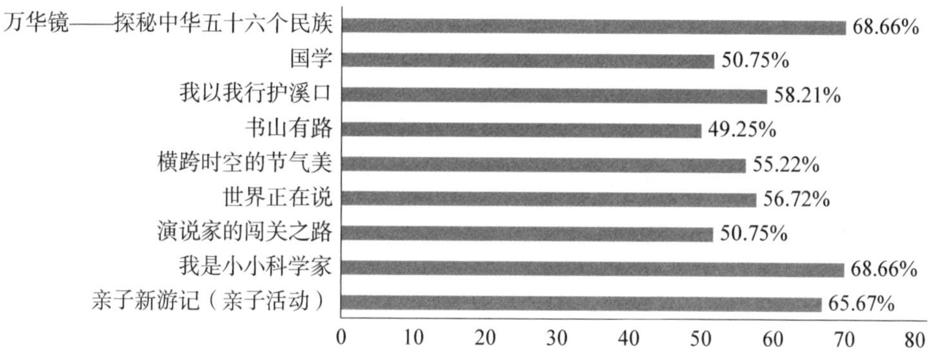

图 5　学员对南孔学堂课程的喜好程度

经过一个暑期夏令营的学习，学员们都找到了自身成长收获之处（见图6）：学员们表示《我是小小科学家》提高了自己的动手能力；《演说家的闯关之路》教会了自己如何运用演讲技巧；早读、作业整理课等拓展课则提高了自己的独立性，帮助自己养成良好的学习习惯。

在南孔学堂师资和教学环境建设上，以课程设计、时间安排、教学设施与安全、教师教学能力和南孔学堂氛围六大点为落脚点，南孔学堂学员给予了高度评价（见表1）。

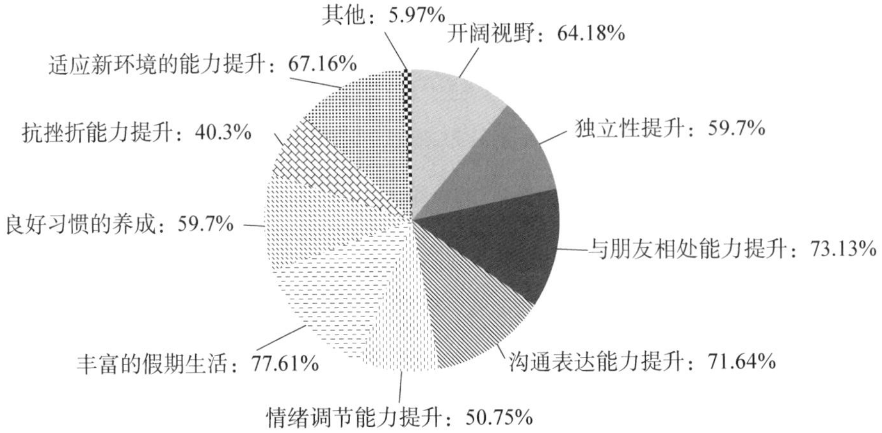

图6　学员在南孔学堂项目中的成长

表1　学员评价

题目/选项	很不满意	不满意	一般	满意	很满意
课程设计	1(1.49%)	1(1.49%)	6(8.96%)	13(19.4%)	46(68.66%)
时间安排(上课时间、课间休息时间等)	1(1.49%)	0(0%)	11(16.42%)	13(19.4%)	42(62.69%)
教学设施	1(1.49%)	0(0%)	3(4.48%)	16(23.88%)	47(70.15%)
安全程度	1(1.49%)	1(1.49%)	1(1.49%)	16(23.88%)	48(71.64%)
老师的表现	1(1.49%)	0(0%)	3(4.48%)	9(13.43%)	54(80.6%)
南孔学堂的氛围	1(1.49%)	0(0%)	2(2.99%)	13(19.4%)	51(76.12%)

在得到肯定的同时，南孔学堂积极听取学员与家长的意见(见图7)。在未来，南孔学堂将把重心放在以下几点上：班级建设、纪律管理、知识讲解、体育锻炼和动手实践，将知识理论与动手实践相结合，培养学员德智体美劳全面发展。

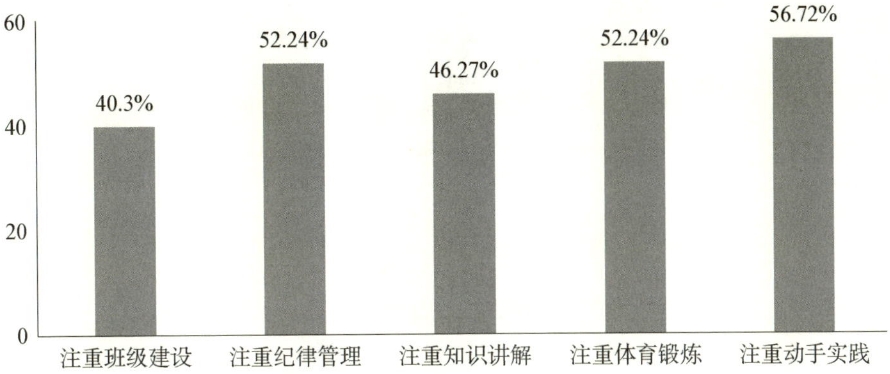

图 7　学员及家长意见

问卷调查 2：

此次问卷调查的对象为衢州学院在校学生。数据研究发现(见图 8)，87.34%的大学生持社会实践占重要地位的立场。

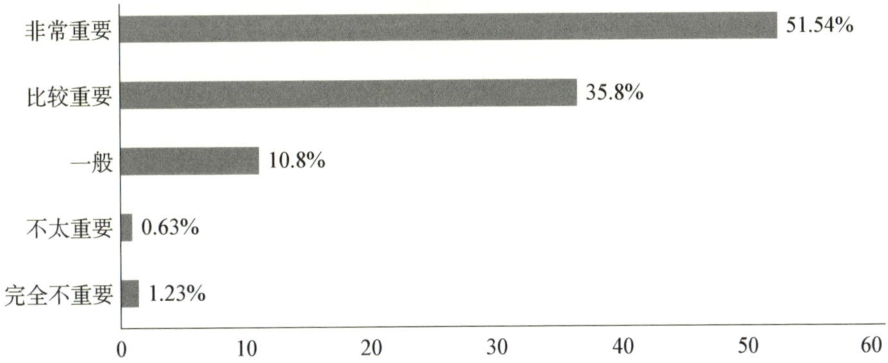

图 8　大学生对参与社会实践活动的态度

87.04%的大学生参加过社会实践，反映了大学生群体对社会实践的广泛参与(见图 9)。根据调查研究发现，社会实践对大学生的影响较为深远，57.72%的大学生认为社会实践能增加社会经验，提升人际交往能力，对自身成长有很大的帮助。23.46%的大学生认为社会实践能增强责任感和使命感，培养社会服务意识(见图 10)。

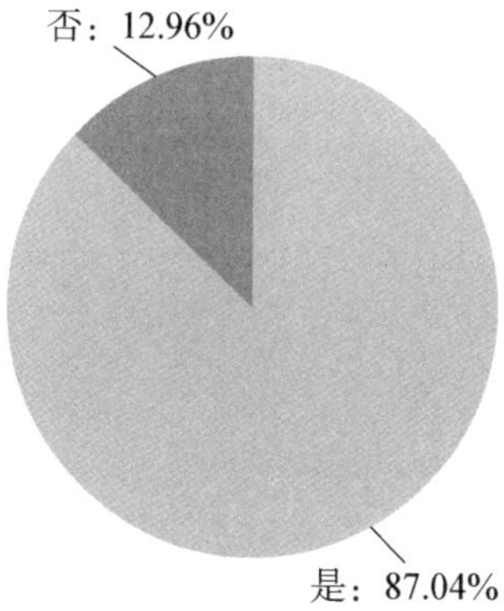

图 9　大学生是否曾经参与过社会实践活动

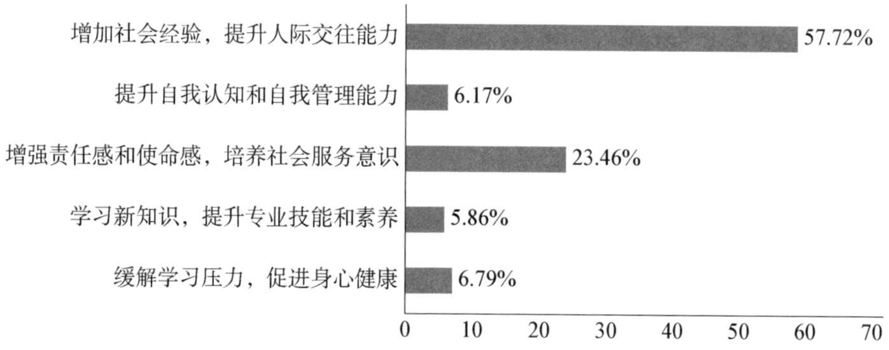

图 10　社会实践对成长的积极影响

问卷调查表明，79.94%的大学生（见图 11）认为学校提供了足够的支持来促进大学生参与社会实践活动，但是时间冲突和课程冲突成为大学生参与社会实践的最大阻碍（见图 12）。

调查数据显示，89.26%大学生（见图 13）认为社会实践活动对学业有帮助并且 93.56%的大学生（见图 14）表示在未来的学习和生活中会更积极地参与社会实践活动。大学生参与社会实践的积极性很高，对社会实践也有一定的认知，认为对学业有一定的发展。

关于社会实践对未来职业规划的影响，从研究数据中可以看出（见图 15），社会实践活动对未来职业规划的影响主要体现在以下几个方面。

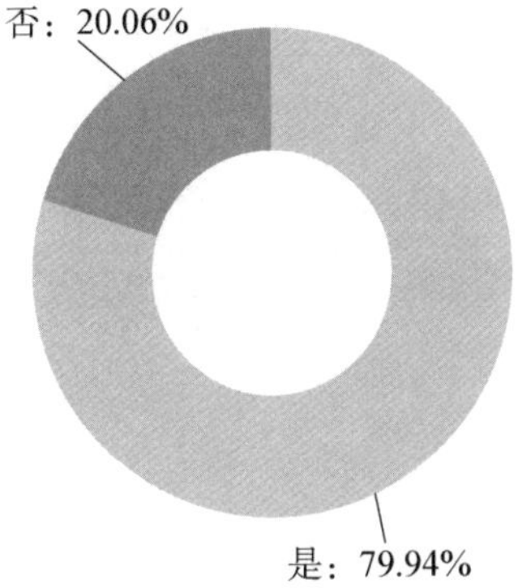

图 11　学校是否提供支持促进大学生参与社会实践活动

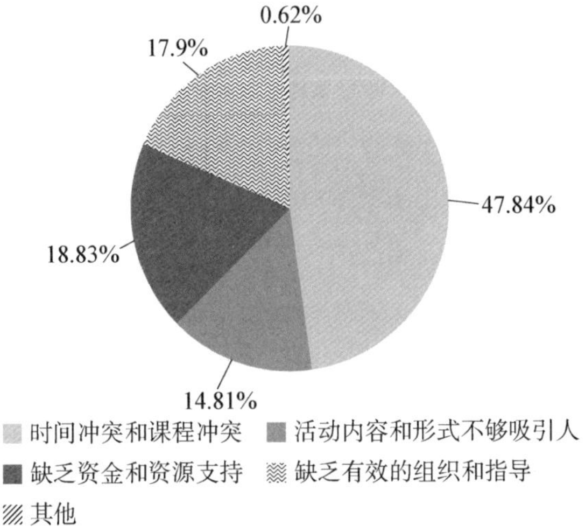

图 12　参与社会实践活动面临的困难

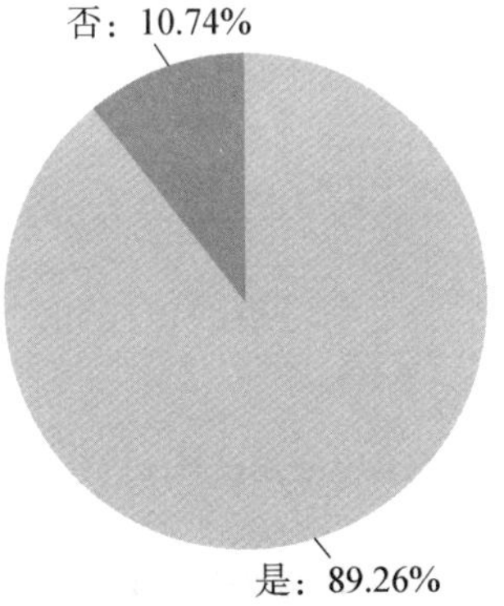

图 13　社会实践活动对学业是否有帮助

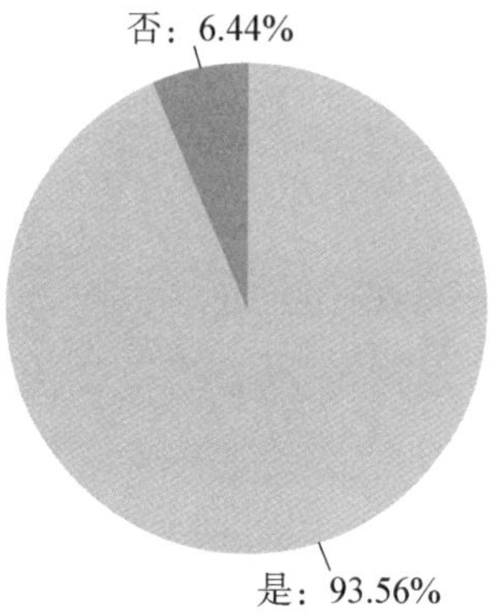

图 14 是否愿意在未来的学习和生活中更积极地参与社会实践活动

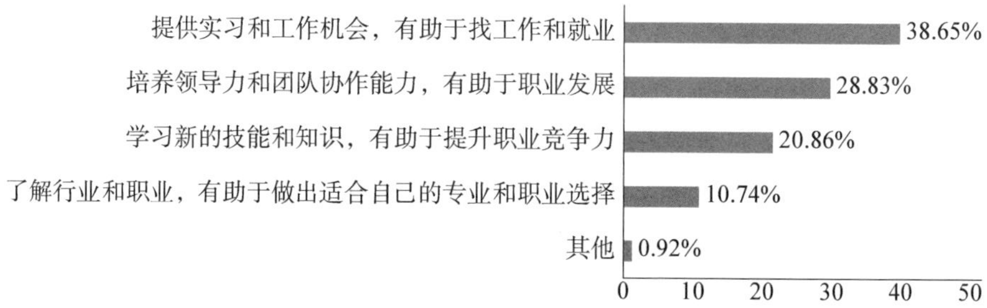

图 15 社会实践对未来职业规划的影响

提供实习和工作机会：此项的占比最高，达到了 38.65%。这说明社会实践活动确实为一些学生提供了实习和工作机会，有助于他们找工作和就业。

培养领导力和团队协作能力：此项的占比也相对较高，达到了 28.83%。这表明社会实践活动有助于培养学生的领导力和团队协作能力，这些能力在职业发展中是非常重要的①②。

学习新的技能和知识：此项的占比为 20.86%。这说明社会实践活动能够提供一些实践机会，帮助学生学习新的技能和知识，提升职业竞争力。

---

① 龙秦秦. 专业认证背景下学前教育专业建设路径研究[J]. 国家通用语言文字教学与研究，2023(8)：179－181.

② 郁李鑫. 电气控制与 PLC 应用课程的实验教学设计[J]. 集成电路应用，2023，40(11)：386－387.

总的来说，社会实践活动对未来职业规划的影响是多方面的，不同的学生可能从不同的方面受益。对于想要进入职场的学生来说，社会实践活动提供了一个很好的实践机会。

在促进大学生参与社会实践的措施上，根据调查（见图 16），笔者发现大学生对提供更多的支持和激励措施（如学分、补贴等）的需求最大，占总人数的 75.15％。这表明学生们更看重实际的利益和奖励，比如获得学分、补贴等，这可能会激励他们更多地参与社会实践活动。

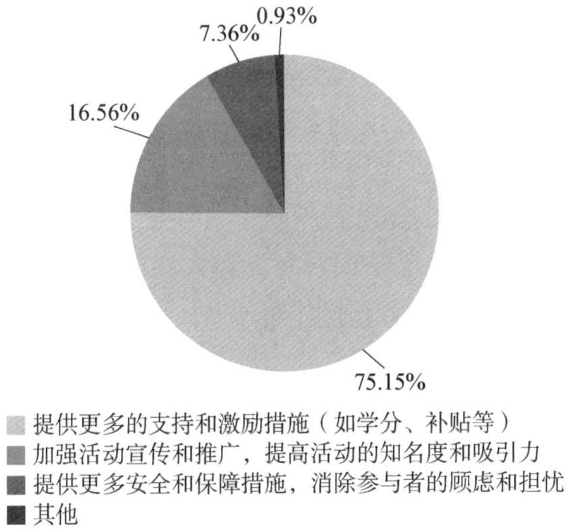

图 16　改进措施

其次，加强活动宣传和推广，提高活动的知名度和吸引力也是一个重要的选项，占总人数的 16.56％。这说明学校应该加强活动的宣传和推广工作，让更多的学生了解并参与到活动中来。

至于提供更多安全和保障措施，消除参与者的顾虑和担忧，虽然只有 7.36％的学生选择了这个选项，但也应该引起学校的重视。学生们可能担心活动中的安全问题和风险，所以提供适当的安全和保障措施是非常必要的。

至于其他选项，虽然只有 3 位学生选择，但若其填写的理由合理，也应该得到学校的关注和考虑。

关于大学生愿意参与社会实践的时间段，根据问卷调查(见图 17)，笔者得出以下结论：

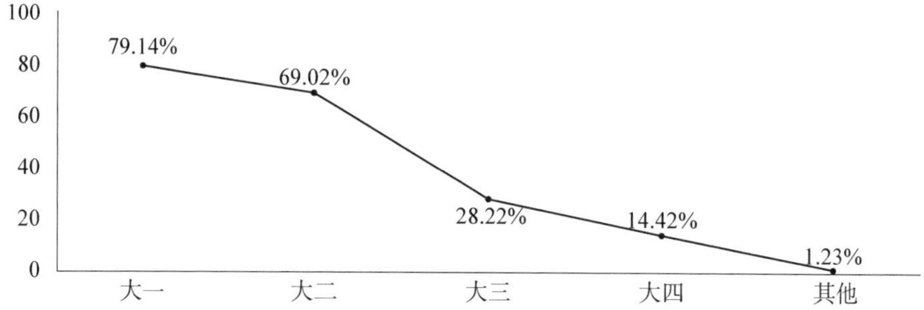

图 17　愿意参与社会实践的时间

大一和大二是大学生最愿意参与社会实践活动的时间段。大一和大二的比例分别为 79.14%和 69.02%，远高于其他选项。

大三和大四的参与意愿较低。大三和大四的比例分别为 28.22%和 14.42%，说明大学生在学习阶段上越往后，参与社会实践活动的意愿越小。

其他选项的参与比例较低，为 1.23%。这说明除了大一、大二、大三和大四之外，很少有大学生选择其他时间段参与社会实践活动。

综上所述，大一和大二是大学生最愿意参与社会实践活动的时间段，而大三和大四的参与比例较低。这一结果可以为相关机构和组织在招募大学生参与社会实践活动时提供参考。

图 18 显示，大多数人(96.01%)认为大学生应该将社会实践活动纳入日常生活和学习中。其中，53.07%的人认为只在有时间和精力的情况下将其纳入，42.94%的人认为非常必要将社会实践活动纳入。只有 3.99%的人认为没有必要，应专注于学业。

超过 97%的人认为学校应该设立专门的社会实践课程或机构来支持学生的实践活动，其中 51.84%的人认为非常有必要，45.4%的人认为只在有需要的情况下设立。仅有 2.76%的人认为现有资源足够。由此可见，学生们对于学校支持实践活动的需求非常高，学校应该重视这一点并提供更多

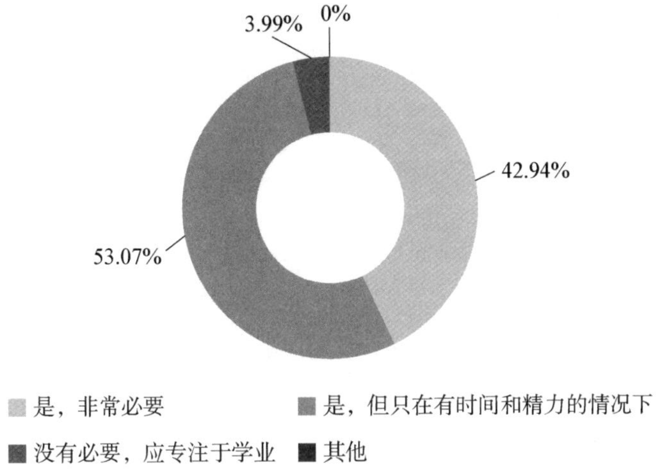

图 18　是否应将社会实践纳入学习

支持(见图 19)。

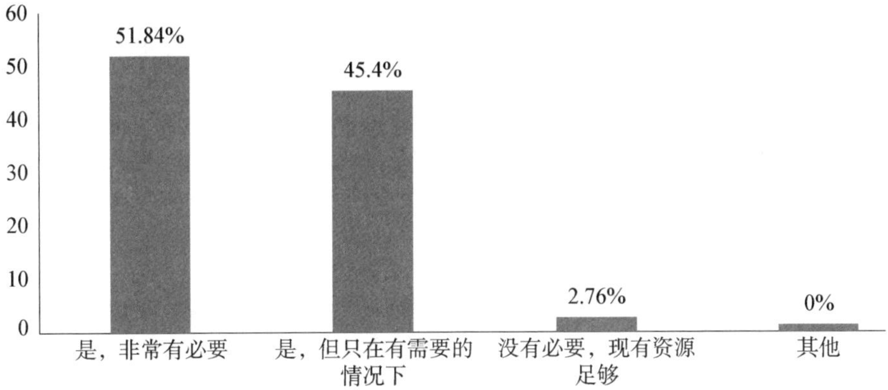

图 19　学校是否设立专门的社会实践课程或机构来支持学生的实践活动

图 20 显示，26.07%的人表示他们在参与社会实践活动时完全得到了指导和支持，63.5%的人表示他们基本得到了指导和支持，但还有提升空间。10.12%的人表示他们没有得到足够的指导和支持，还有 0.31%的人选择了其他选项。综合来看，大多数大学生在参与社会实践活动时得到了一定程度的指导和支持，但仍有一部分人认为指导和支持还有提升的空间。这表明目前大学生在社会实践活动中的指导和支持仍有改进的空间，学校有必

要进一步加强对大学生社会实践活动的指导和支持工作,提高其参与社会实践活动的质量和效果。

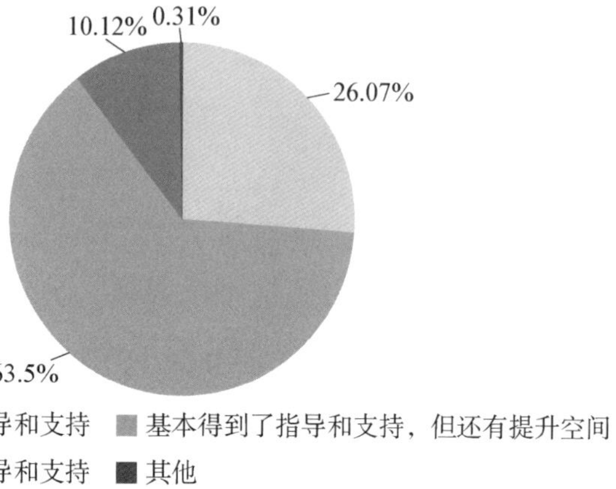

图 20　大学生参与社会实践活动时是否得到了足够的指导和支持

统计数据显示(见图 21),有 182 人(55.83%)认为大学生参加社会实践活动与学业存在一定冲突,有 35 人(10.74%)认为存在很大冲突。另外,有 109 人(33.43%)认为两者之间没有明显冲突。这些数据表明,大学生参与社会实践活动对学业有一定的影响,但并不是所有学生都认为存在冲突。

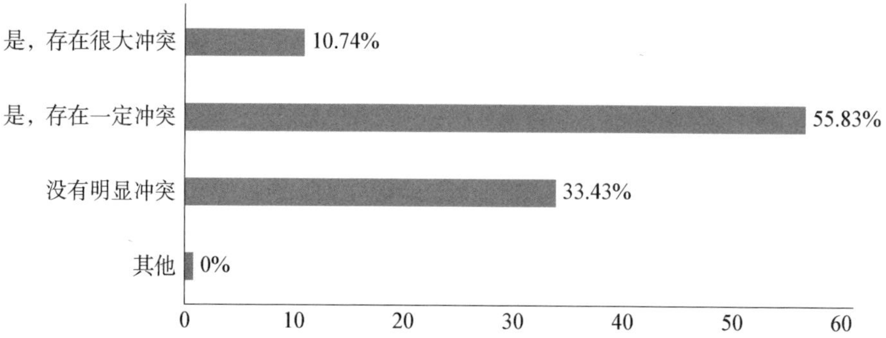

图 21　大学生参与社会实践活动与学业是否冲突

关于社会实践的类型,调查研究(见图 22)发现,大学生参与社会实践活动的最佳形式主要集中在三个选项中:社团活动、实习和兼职、研究项目。其中,实习和兼职是最受欢迎的形式,占比 43.56%,其次是社团活动,占比 38.34%,最后是研究项目,占比 17.79%。只有极少数人选择了其他形式。

因此，从整体来看，大学生更倾向于通过实习和兼职这两种形式参与社会实践活动。

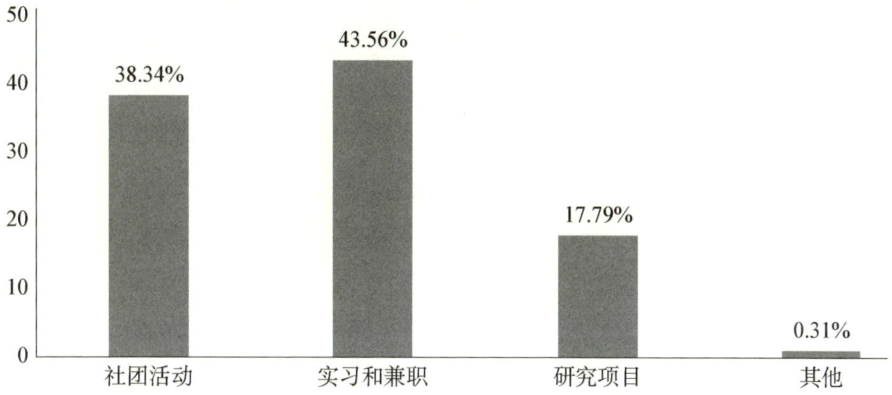

图 22　大学生参与社会实践活动的最佳形式

在社会实践的培训领域，研究发现(见图 23)，大学生在参与社会实践活动时最需要技能培训，占比 71.47%；其次是职业规划培训，占比 18.4%；安全培训最少，仅占比 10.13%。没有人选择其他选项。因此，针对大学生参与社会实践活动的培训和支持，学校应该注重技能培训和职业规划培训，同时也需要重视安全培训的重要性。

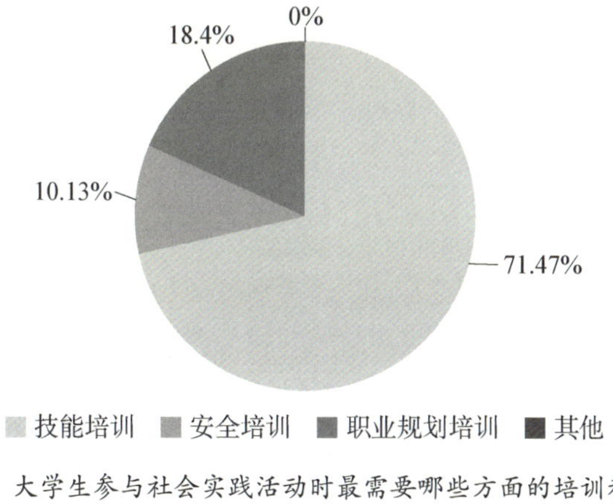

图 23　大学生参与社会实践活动时最需要哪些方面的培训和支持

问卷调查 3：

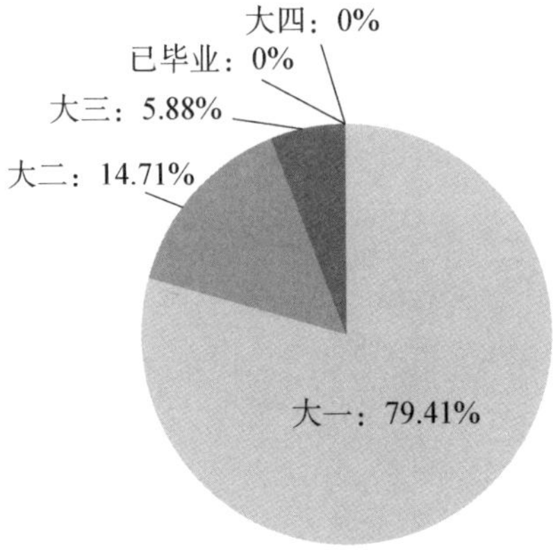

图 24 参与南孔学堂的年级段

从调查数据中(见图 24)可以看出，参与南孔学堂项目的人中，大一学生占比最高，达到了 79.41％，其次是大二学生，占比为 14.71％，大三和大四学生以及已毕业的人数较少。这说明南孔学堂项目在大一学生中的影响力较大，需要加强在其他年级学生中的宣传和推广。

图 25 显示，参与南孔学堂项目对大部分受访者的学业、职业规划、团队协作能力、沟通表达能力和社会实践能力都有一定的帮助。其中，学业和职业规划方面的帮助相对较大，而认为参与该项目对团队协作能力、沟通表达能力和社会实践能力有帮助的参与者比例相对较高。

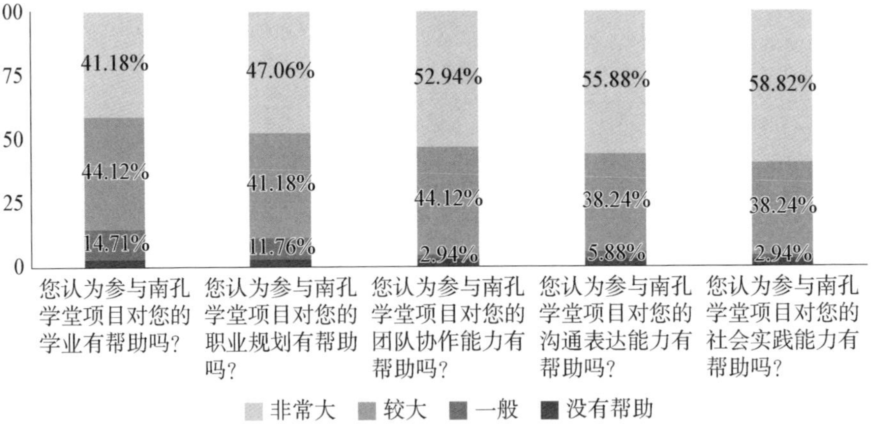

图 25 参加南孔学堂项目的大学生的收获

总体而言，大部分参与者对参与南孔学堂项目持有积极的态度，认为该项目对其个人发展有一定的帮助。然而，也有部分参与者表示该项目没有帮助或对其帮助不大，这可能与个人需求、项目内容、执行方式等因素有关。学校需要进一步了解项目的具体内容和执行情况，以优化和改进南孔学堂项目，提高其对参与者的实际帮助。

从图 26 可以看出，认为南孔学堂具有实践性的人总共占了 97.06%，说明大部分人认为南孔学堂项目具有很强的实践性。只有 2.94%的人选择了"一般"，没有一个人选择"没有实践性质"，说明这个项目在实践性的设定上得到了大部分人的认可。

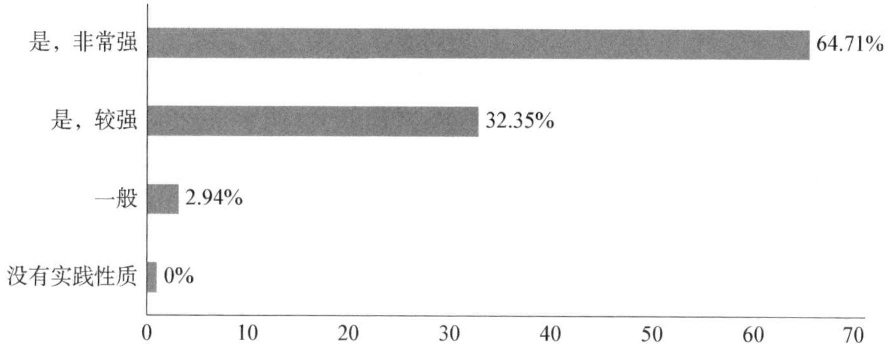

图 26　南孔学堂项目的实践性强弱

从图 27 中可以看出，大部分参与者认为南孔学堂项目的导师和团队成员对自己有帮助，同时，超过半数的参与者认为南孔学堂项目的实践活动有助于提升他们的创新能力、领导能力、沟通能力、问题解决能力、环境适应能力、知识应用能力、班级管理能力、活动组织能力和自信。此外，有超过半数的参与者认为南孔学堂项目的实践活动有助于提升他们的情绪控制能力。

对于提升的帮助程度，大部分参与者给出了"非常有帮助"或"有一定帮助"的评价，而给予"一般"评价的参与者相对较少。这一结果在一定程度上反映了南孔学堂项目的实践活动对参与者能力的积极影响。

在个别题目中，有部分参与者表示没有感受到相关能力的提升或提升不明显，这可能说明这些能力需要更深入的学习和实践才能得到提升，或者

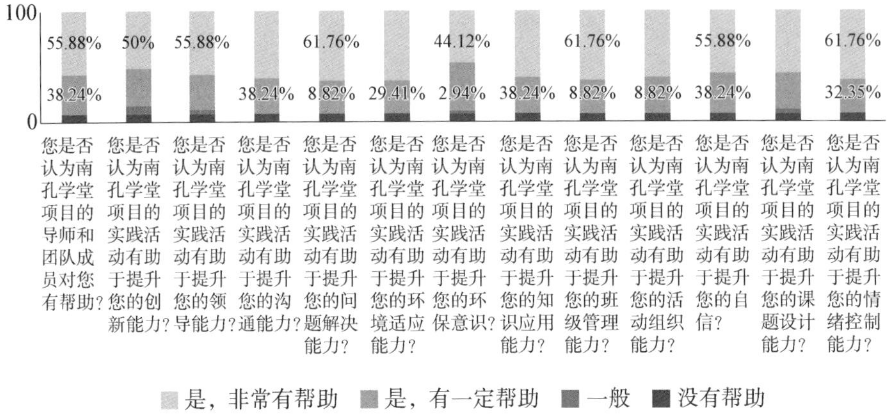

图 27　参加南孔学堂项目是否对学生有帮助

这些能力本身就需要更长时间和更多途径的锻炼和培养。

总的来说，南孔学堂项目的实践活动在提升参与者的多项能力方面表现出了积极的效果，这对于参与者个人发展和社会实践教育来说都是有益的。

4）得出结论与提出建议

结论：

第一，大学生普遍认为社会实践活动是他们学习生涯中不可或缺的一部分。这可能是因为社会实践活动能够提供实际应用知识的机会，帮助他们更好地理解和应用所学知识。

第二，大多数学生认为学校应该设立专门的社会实践课程或机构来支持他们的实践活动。这表明学生们希望学校能够提供更多的资源和指导，帮助他们更好地进行社会实践活动。

第三，实习和兼职被学生们视为最受欢迎的社会实践形式之一。这可能是因为实习和兼职能够提供实际工作经验，帮助他们更好地了解职业选择，并提升他们的职业技能。

第四，在参与社会实践活动时，学生们最需要的是技能培训和职业规划培训。这表明学生们希望通过这些培训提升自己的技能水平和职业规划能力。

第五，南孔学堂项目对大部分参与者的学业、职业规划、团队协作能力、沟通表达能力和社会实践能力都有一定的帮助。这表明该项目在提升学生能力方面起到了积极的作用。

第六，大部分参与者认为南孔学堂项目的实践活动对他们的能力提升非常有帮助。这表明该项目在实践性和实用性方面得到了参与者的认可。

建议：

第一，加强学校对社会实践活动的支持。学校应该加大对社会实践活动的投入，包括提供更多的资源、指导和支持。学校可以设立专门的社会实践课程或部门，为学生提供更多的实践机会和指导。

第二，推广南孔学堂项目。学校可以加强对南孔学堂项目的宣传和推广，例如通过举办讲座、开展宣传活动等方式，让更多学生了解并参与到该项目中，提高项目的知名度和影响力。

第三，优化南孔学堂项目的内容和形式。根据学生的反馈和需求，优化南孔学堂项目的内容和形式，使其更加符合学生的实际需求。例如，增加一些针对不同年级和不同需求的培训和支持，提高项目的针对性和实效性。

第四，加强技能培训和职业规划培训。在南孔学堂项目的实践活动中，学校应该加强技能培训和职业规划培训，提高学生的实践能力和职业规划能力。例如，学校可以邀请专业人士举办讲座或提供实践机会，帮助学生提升技能水平。

第五，鼓励大学生积极参与社会实践活动。学校可以通过设立奖励机制、提供实践机会等方式，鼓励学生积极参与社会实践活动，提高他们的实践能力和综合素质。

（三）深度访谈法

1. 深度访谈法的定义与目的

深度访谈法是一种定性研究方法，主要通过与受访者进行深入、面对面的交流，获取他们对于特定主题或问题的看法和经验。这种方法强调对受访者的观点、感受和经历进行深入探索，而不仅仅是表面的信息收集。深度访谈法可以提供大量的案例，这些案例可以用于进一步的研究和分析，或者用于支持或反驳某个理论或观点。

2. 深度访谈法的实施步骤

1）制定实施计划

深度访谈对象是南孔学堂项目成员：董丽佳、陈恬伊、陆珍、叶星辰、陆欣研、沈颖洲、何明、陈珈怡、李嘉怡、商宇星、孙涵等11位同学。主要访谈内容是他们在南孔学堂的成长。另外，笔者还对董丽佳同学的班主任、任课老师、同班同学、单位同事、单位领导、南孔学堂负责老师以及南孔学堂学员家长、学员、溪口群众进行了深度访谈，了解南孔学堂项目开展的情况及项目组成员的表现。

2）实施深度访谈

访谈1——董丽佳

南孔学堂项目对我而言是我人生中重要的里程碑，是我大学生涯中的珍贵记忆与结晶。通过参与公益教育活动，我不仅获得了许多宝贵的经验，还为现在的职业生涯打下了坚实的基础。在现在的工作中，我不断运用这些经验，提高自己的工作能力和综合素质。总的来说，南孔学堂项目对我的影响主要体现在五个方面：职业规划的明晰、活动组织及文稿撰写能力的提升、人际交往能力的提高、抗压能力的增强、个人价值追求的转变。

第一，职业规划的明晰。

作为大学生，在校期间，我对于工作的认识好像只停留在一份能养活人的职业。在大二之际，我不得不放慢我的脚步来仔细思考一下，我即将要从事怎样的事业。经过一年的大学生活，我发现社会变得很快，但是一个人的职业生涯也是如此吗？我心中有很多的疑惑。

通过南孔学堂的教育实践经历，我实现了对工作角色期望的前置化，明确了未来的发展方向。大学生社会实践的主要目标之一是让大学生通过社会实践提前进入工作岗位，为未来的就业奠定基础，这就意味着大学生将完成工作角色的前置化①②。大学生选择自己毕业后所期望的就业岗位进行社会实践，实现学习角色与工作角色的暂时转换③④。

在这次教育实践活动中，我深刻体会到了一名人民教师的不易，除了对知识的掌握外，更重要的是和孩子们的沟通交流。教师需要时刻掌握孩子们的需求和问题，给予积极的指导和帮助。除此之外，教师也需要具备组织和管理能力，能够有效地管理课堂、安排教学计划和评估学生的学习成果。

学习阶段与工作阶段对能力的侧重不同。在校期间，学习是学生的主业，而工作是由具体工作内容决定的。后来在偶然的机会下，我接触到了银行工作。我发现这份工作所需要的职业技能在我的实践过程中均已有所学习和运用。在实践过程中，我根据自己已有的知识结构，对工作角色有了独特的理解，这些理解对毕业后的工作产生了积极的影响。通过这次实践经历，我深刻体会到了大学生社会实践对于个人职业发展的重要性和必要性。

第二，活动组织及文稿撰写能力的提升。

大学入学以来，我多次参加各种实践活动，其中以南孔学堂为主。长达两年多的时光中，新闻稿、计划书、比赛申报书、项目申报书、项目总结报告、海报等等，均出自我手。在许许多多次文稿撰写中，我既学会了如何凝练出简洁的新闻稿，也学会了如何详细描述项目成果。由于出色的文稿撰写能力，我在实习时脱颖而出。不管是银行内的宣发文本、海报设计，还是工作汇报、周例会文稿，我都能触类旁通，撰写得符合工作需要，用词恰当，获得了领导的认可。

---

① 顾志勇.社会实践在大学生角色社会化中的功能分析[J].山东省青年管理干部学院学报，2007(1)：42－44.

② 顾志勇.社会实践在大学生角色社会化中的功能探析[J].青少年研究(山东省团校学报)，2007(01)：43－45.

③ 顾志勇.社会实践在大学生角色社会化中的功能分析[J].山东省青年管理干部学院学报，2007(1)：42－44.

④ 顾志勇.社会实践在大学生角色社会化中的功能探析[J].青少年研究(山东省团校学报)，2007(01)：43－45.

在活动组织上，我主持多次南孔学堂的游园会、室外课程、国学课程、家长会等，甚至学堂年度暑期汇报晚会的彩排等我也参与其中。多次活动的组织锻炼了我的临场应变能力、汇报能力及个人对舞台的掌控能力。在工作中，对于渠道的搭建、社区活动的组织开展，甚至高净值客户投策会，我都成为了条线汇报人的选择之一。作为新员工，我的话术多次作为模板，在全行晨会进行分享；撰写的财富小红书也是总行层面群内汇报的材料之一。在银行内部的竞争中，大学期间的实践经验让我远超同期员工，展现出闪闪发光的一面。

第三，人际交往能力的提高。

人际交往是人类社会中最普遍的生活方式之一，也是传递和沟通信息的重要途径。在这个信息爆炸的时代，人人都需要较强的人际交往能力。只有这样，才能满足人际交往的需要，才能在日趋激烈的竞争中立于不败之地。基于此，我十分重视人际交往能力的提升。

南孔学堂成立之初，为争取溪口镇政府支持，顺应"双减"环境下家长对公益教育需求上涨的趋势，我与时任溪口镇副书记沃海涛建立联系。彼时作为一名大学生，我面对政府领导无疑是紧张无措的，但我仍以足够的自信与谦逊获得了沃书记对项目的认可，并在政府支持下以溪口镇未来社区为试点，顺利开展实践，取得了初步的收获。

如今，我每天接触来自不同行业的客户。接待客户时，我能侃侃而谈，并以温和、舒适的方式与客户沟通。南孔学堂实践使我打开了眼界，接触了更多的人，提升了人际交往能力，这正是这类实践带给我的收获。

第四，抗压能力的增强。

抗压能力是一个人成熟的标志，也是一个人强大的标志。如果一个人能够在逆境中从容应对，在困难中保持清醒的头脑，在失败中从容不迫，那么这就说明这个人具备较强的抗压能力。抗压能力主要包括容忍力、承受力、耐力、适应力等。具备强大抗压能力的人在面对困难的时候能够快速分析当时的情况，并且调整好自己的心态，想出解决问题的方法。初次体会到这个词，是在我的求职面试中。银行业的面试我经历了大概五次，几乎每一位面试官都会询问与抗压能力相关的问题。在面试时，面试官会询问以下几类问题：①在一场非常重要的汇报演讲(学校答辩、职场面试)前一天，你会如何准备？②如果你的上司在同事面前批评了你，你会作何反应？③到目前为止你遇到过压力最大的情况是什么？你是怎么解决的？④你会做些什么防止自己陷入太大的压力？⑤如果你在同一时间要处理多个任务，你会如何安排你的工作以保证工作质量？

当然，面对以上问题，如果是没有任何实践经验的我，自然无法自如应对。但在大学期间，我的学习与多个项目实践是同时进行的。每一天，我都会制定当日的计划表，附上截止时间，井然有序地安排好学习和工作。当大学学习与校外实践重叠时，我心中的压力也会突然增长。烦躁、易怒是典型的抗压能力薄弱的情绪表现。我也曾体会这样的情绪，大二时因任务繁多，课堂作业完成质量下降，我无法兼顾学习与校外实践安排。

是什么增强了我的抗压能力呢？面对繁重的任务时，我开始学会安排任务的先后完成顺序，制定明确的当日计划表并强力执行。一系列努力所形成的良性循环给我带来了满足与乐观。在当下工作中，我的工作内容绝不仅限于完成各类任务指标、办理业务，还包括行内各类考试、会议、同岗位的竞争等。当种种压力袭来时，消极情绪对我的影响不复从前。大学的经历让我变成了一位从容的"大人"，感谢曾为了目标一路向前的自己，感谢选择变得更好的自己，感谢南孔学堂项目带领我成长。

第五，个人价值追求的转变。

我在大学时很喜欢阅读、誊抄诗歌。在抄写的诗歌中，关于个人价值思考的有很多。例如海子说："你来人间一趟，你要看看太阳，和你的心上人，一起走在街上。"木心说："一个人到世界上来，来做什么？爱最可爱的、最好听的、最好看的、最好吃的。"纪伯伦说："生命的意义，在于人与人的相互照亮。"余华说："人是为活着本身而活着的，而不是为活着之外的任何事物所活着。"①诗歌总是或浪漫或现实，看似三言两语道尽对人生的感悟，实际晦

① 朱必圣.饥饿的艺术家[J].文艺评论，1998(03)：26－31＋35.

涩深奥，只言片语间蕴含着难以实现的追求。个人价值和社会价值是相互依存、相互促进的关系。个人价值的实现离不开社会的支持，而社会价值的实现也需要个人的努力和贡献。

我对个人价值的实现最深刻的体会是在第一次南孔学堂的暑期汇报晚会上。两个月的暑期课程后，学堂的孩子们上台汇报演出。很难想象，与在舞台上闪闪发光的自信模样相反的是，两个月前，许多人是从未站上过舞台的，是连在课堂上发言都会羞涩地说不出话的。我知道，与南孔学堂结缘既是孩子们的幸运，也是我们的幸运。

如今迈入工作新征程，在获得物质收入的同时，我也为服务他人而感到满足。在追求个人价值的实现中，社会价值对我的赋能具有重要意义。银行作为金融服务行业，以物质为追求的工作态度总是会让人们在工资攀比中消磨对工作的热情。而我在南孔学堂的教育实践经历让我更能与客户共情，办理业务的过程也是对一位陌生人提供相应的金融帮助的过程。普及金融知识、预防电信诈骗是银行员工的责任与义务。我在保护客户资产安全的同时，也是在对一个家庭进行保护。在个人价值追求思想上的巨大转变是另一种潜移默化的精神财富收获。

访谈 2——陈恬伊

2022 年暑期，我作为一名志愿者老师加入南孔学堂。很荣幸能成为南孔学堂的志愿者老师，其实当老师一直都是我的梦想，暑期志愿活动给我机会去触碰这个梦，让我更加明白教育的意义。我们几个志愿者老师一起精心准备一些特色课程，比如国学课、小小演说家、异国风情体验课。利用“闯关式课堂”的趣味教学方式，通过儒家服饰体验、国学朗诵、千年儒风演绎、儒家传统礼仪演示等趣味实践形式，我们致力于让南孔文化深入学生心灵。在准备教学材料的过程中，我在能力上也得到了提升。从第一次给孩子们上课时的紧张到现在能自如地应对上课状况，我感觉到其实不仅是我们在教孩子，孩子其实也在教我们，我们在一起进步。除了上课以外，南孔学堂也要求我们须经常和家长沟通。刚开始和家长沟通时，我很紧张，但是现在我和家长之间的交流已经很顺畅。

2023年暑期，我被推选为学生团队负责人。因为身份的不同，很多工作都与之前不一样，负责人的工作比较侧重于管理，要顾及和把控的事也更多更细致。但是得益于之前的经验积累，在人员安排、沟通协调上我都能从容应对。

在南孔学堂实践期间，我也加强了我的写作能力和创新能力。在一次次授课中，我也越来越从容自信，在各项汇报中也能更自如地应对。我带领团队获得衢州学院2023年暑期社会实践十佳团队称号、第七届衢州学院国际“互联网+”大学生创新创业大赛银奖、衢州市第四届志愿服务铜奖。我们团队也获得衢州学院美丽经济学院、溪口政府以及溪口当地人民的一致好评。

访谈3——陆珍

加入南孔学堂之后，我从一个不懂教学的小白，到现在已经能独立带领孩子们上课，对教学有了初步的认识。在溪口与孩子们相处的过程中，我也慢慢地学会如何与他们沟通，对教学的理解也比以前更深，能更好地把自己所学知识传授给他们。

我主要负责的是素质拓展一类的课程，例如拓展学生的演讲能力。我发现可以在课堂上设计一些小游戏或者小活动来引导他们学习，让学生通过实践来理解演讲的真谛。这样不仅能调动学生的学习兴趣，还能加深他们对知识的理解。

在暑期实践中，我收获了很多。在这里，我认识了很多志同道合的小伙伴；在这里，我也得到了许多人的帮助，慢慢成长，慢慢变得自信。

在参与南孔学堂的过程中，我意识到中国作为一个人口大国且地域辽阔，每一个地区的发展情况都是不一样的。有些地区可能需要大力发展经济，有些地区可能需要大力发展教育，不同的地区有不同的经济情况和文化背景。“纸上得来终觉浅，绝知此事要躬行。”我们对于任何事的认识不能只停留在表面上，而要通过自己的努力，深入到社会中去，感受真实的社会，了解真实的社会。南孔学堂恰好为我们提供了这个机会。此外南孔学堂还为我们大学生提供了创新创业的机会。以本项目为依托，我们参加了挑战杯等比赛,比赛中我们在组织和协调方面得到锻炼,在实践操作方面得到增强,同时,在语言表达、理解沟通、心理承受等方面得到极大提升。在比赛中我们还认识了许多优秀的同学,并与他们建立良好的关系,在今后的学习和生活中希望能够与他们相互学习,共同进步。

访谈4——叶星辰

在南孔学堂的一年里,我收获了许多,成长了许多。我还记得自己第一次备课时的纠结与犹豫,还记得自己第一次给小朋友上课时的紧张和自己第一次上完课时的骄傲和愉悦。

当然,令我印象最深的是2023年暑假在溪口参加的二十多天的暑期社会实践。我们根据课程,每天安排不同的老师进行授课,并安排两位助教协助管理课堂秩序、拍摄记录孩子们在课堂上的精彩瞬间。作为"跨越时空的节气美"课程的老师之一,我深知二十四节气带给我们的不只是对生产生活的指导意义,还有人类应该敬畏自然、亲近自然、尊重自然、保护自然的积极态度。因此,我把自然学习融入课程体系,以孩子的视角研究传统文化,从孩子的需求角度开展活动,让自然与人文在孩子身上相融相洽。例如,要求孩子按节气对花草进行观察、手绘;了解各个节气的传统习俗;吟诵诗人笔下的二十四节气;制作二十四节气转盘;引导孩子去关心不同节气下大地和天上那些细微的声响,去从一道色彩、一个造型、一种气味里领略美的气息。

我很荣幸也很庆幸能够加入南孔学堂这个项目。我们不仅给溪口镇的孩子们带去了知识和技能,也以自己的实际行动传递了关爱和温暖。除此以外,南孔学堂也让我锻炼了自己。我了解了老师的基本任务,体会到了当老师的不易。在与孩子和家长的交流中,我增强了我的语言沟通能力。在一次次的备课上课、解决学生间的矛盾中,我增长了我的才干,锻炼了我的责任心,磨炼了我的意志。我认清了自己的位置,发现了自己的不足,对自身价值能够进行客观评价,也更加明确了自己的目标,对未来的大学生活充满了希望和斗志。

访谈5——陆欣妍

作为南孔学堂项目的成员，现阶段我担任的是宣传部部长一职，我主要的工作有带领宣传组的小组成员们一起记录南孔学堂每周的上课情况、编写新闻稿并拍照记录。在加入南孔学堂的这段时间里，初期我会去到溪口未来乡村学院给小朋友们进行授课，如民族课程、国学课程等；在暑期，我还参与了南孔学堂的社会实践项目，与项目组的成员们在溪口未来乡村学院开展了为期一个月的夏令营活动。活动期间，我担任的是3～4年级的班主任，同时我还是“万华镜——探秘中华五十六个民族”课程的主讲老师。我的工作可以大致分为前期准备、具体实施、后期总结三大方面。作为3～4年级的班主任以及民族课程的任课老师，在前期准备阶段，我要与学生家长取得相应的联系，并且对我所要上的课程做好规划。在具体实施阶段，除了每天要确认小朋友们的上课情况及安全，我还会根据小朋友们的上课情况对课程内容做出相应的调整。在夏令营结束时，我为班内的小朋友们准备了一份礼物，也根据民族课程编排了舞蹈《美丽中国》作为文艺汇演的节目。在暑期社会实践结束后，我们的项目也参加了多项比赛，如“互联网+”、风采大赛、衢州市第四届新时代文明实践志愿服务项目大赛等，其中在风采大赛中，我们喜获二等奖，在衢州市志愿服务项目大赛中喜获铜奖。总而言之，在加入南孔学堂的这段时间里，我收获了许多，比如提升了我的文字能力、语言表达能力、统筹能力、组织能力等，同时我也变得更加自信。更可贵的是，我们的志愿服务都是与小朋友们打交道，他们的童心、善良和淳朴也深深打动着我，让我坚定了信念。

访谈6——沈颖泇

我是来自外国语学院22级英语2班的沈颖泇，是南孔学堂的一位老成员，现任南孔学堂宣传部的副部长。在南孔学堂的一年多的时间里，我完成了许多项任务也收获了许多。

大一时，我正式加入南孔学堂这一组织。在这一年里，我同组织其他成员一起为溪口的小朋友们带去了许多节有趣的益智课堂。在2023年的暑期，我和组织的成员们一同赴溪口参与为期一个月的暑期支教活动，在活动期间，我负责了“亲子新游记”这一亲子课程，成功举办了以“自然美育”为主题的亲子活动，邀请溪口当地的群众参与了一次“森林假面舞会”。这一次活动对我来说是一次极大的挑战也是一次成功，在团队成员们的鼓励下，我能够有勇气站上讲台，以自己最好的姿态给溪口的群众授课，在团队成员们的协助下，我成功主持了这次亲子活动课程，获得了家长和老师的认可。

大二上学期，我正式成为南孔学堂宣传部的成员，负责南孔学堂每周活动小记的新闻稿编写和改写。在工作的过程中，我学习到了许多有关新闻稿编写的知识和技巧，并能够将其运用到之后的新闻稿撰写当中，这对我之后的写作有了极大的帮助。这一学期，南孔加入了许多新成员。作为老成员，我也能够从以往的活动中提取经验传授给新成员们，能独自改写宣传部新成员撰写的新闻稿。以往的种种经历都为我现在以及之后在南孔的工作作了铺垫。

访谈 7——何明

在南孔学堂这个充满智慧与活力的环境中，我担任了主讲老师、助教老师、体育老师以及后勤人员等多重角色。作为助教老师，我肩负着维护课堂秩序、调解学生矛盾的重要职责。作为体育老师，我的任务是引领学生参与各种体育活动，强健他们的体魄。而作为后勤人员，我义不容辞地承担起物品搬运、打扫等工作。

我主要负责的课程是“我以我行护溪口”，包含环境保护、垃圾回收、变废为宝和劳动教育（线下实践）四大主题。此外，我还教授素质拓展课程，包括二十四节气和壮族文化等内容。这些课程不仅使学生们获得了知识，还培养了他们的实践能力和对传统文化的热爱。

为了检验自己的综合能力水平，我和团队积极参与了衢州市第四届新时代文明实践志愿服务项目大赛，并获得了铜奖。此外，我们还参加了2023年社会实践风采大赛，荣获“十佳团队”称号。这些荣誉的背后，是团队成员的辛勤付出和不断挑战自我的结果。

参与南孔学堂项目让我变得更加有耐心和责任感。面对学生们的疑难问题时，我不再感到急躁和苦恼，而是以更简洁明了的语言和更简单易懂的方式帮助他们解决问题。此外，我还不断提升自己的教学能力、沟通能力和组织能力。每次制作课件的过程也锻炼了我的逻辑思维和设计能力，使我能够更快地制作出高质量的课件。

通过南孔学堂项目，我深入了解了溪口地区的文化和生活方式，同时也体验了不同地区的社会状况和教育条件。这些经历让我更加珍惜生活，丰富了我的人生阅历。

访谈8——陈珈怡

我与团队一起参加了2023年第四届新时代文明实践志愿服务项目大赛的汇报并获得了二等奖。我在南孔学堂主要负责教一到六年级的学生书法，包括基础的握笔姿势、坐姿、笔画认识与练习、作品临摹，让同学们掌握基本的书法技巧，并且提高写字的美感和工整度。

初来溪口，我满怀期待，在那里见到了一群可爱的孩子。即使刚开始的时候有很多的困难，比如：不知道该怎么让小朋友保持安静，不知道怎样设计课程才更有意义。一群老师坐在桌前，一点一点地打磨课程。在这个过程中，我体会到了教师这个职业有多么的神圣而光荣，将所学的知识全部教给同学。即使我学的不是师范专业，但我也丰富了我的个人经验，提高了我的自身能力，从一个不自信胆怯的人，变得侃侃而谈充满自信。这是这次南孔学堂中我的成长，很感激自己能参加这次活动，可以说这是人生路上的一次大蜕变。

希望南孔学堂可以一直办下去，为更多的人提供助学机会，为龙游溪口的教育增添自己的一份力量。助学筑梦，希望更多的人走在这条路上。

访谈9——李嘉怡

今年暑假我参加了南孔学堂暑期支教社会实践活动，作为其中的成员又作为班级的班主任，我感到十分的荣幸，但又觉得责任重大。这既是对我的认可，也是对我的鞭策。我要铆足劲把事情做好，把班级带好，引导和鼓励大家把志愿者精神融入到任何一件小事之中。尤其重要的是，要把义务支教工作做到无懈可击，把溪口社区的每一个小朋友的成绩提上去，并把家长的工作做到位。这一系列事情都做好后，也就意味着我一个暑假的工作圆满成功。

在溪口的实践中，我们采用“一人一档”记录孩子们点点滴滴的成长。作为班主任，每天早上我需要负责点到和统计小朋友们的奖励章，同时还得教授课程。我教授的“小小演说家”课程，以“闯关式”教学方式激发孩子的学习兴趣，旨在激发孩子的演讲欲望，让孩子们能够更加清晰准确地表达他们的思维。每次活动我都鼓励每一位孩子上台演讲，大声说出自己的烦恼，让孩子学会不怯场，用自信的姿态面对之后的每一次新挑战。在最后的结业典礼里面，我组织和编排了节目，和小朋友们一起探求古代茶艺以及国学文化，将歌曲和舞蹈相结合，扇子搭配在其中，使得表演生动有趣，小朋友们也乐在其中。

南孔学堂社会实践让我体会颇多，收获满满。这次实践，既丰富了我的人生阅历，也提高了我的自信心、耐心和责任心，为我今后进入社会奠定了很好的基础。总而言之，这次暑期社会实践是充实的，更是成功的，让我认识到做事必须脚踏实地，并一丝不苟，更要自信。学习，不仅要重视书本知识，更要注重实践经验，将知识与实践相结合，达到学以致用的效果。此外，这次暑期社会实践让我明白了一个道理，即没有付出，就没有收获；不经历风雨，体会不到雨后彩虹的美丽。

访谈10——商宇星

我在南孔学堂负责国学课程，给孩子们讲解儒学经典与传统礼仪，让他们从点滴中体会古今先贤的伟大智慧。2022年，我参与南孔学堂的暑期支教活动，在溪口与孩子们相处了近一个月，最后我们将一个月的所学所长淋漓尽致地展现在毕业典礼之中。大二开始之际，我们参与了衢州学院暑期社会实践优秀团队的评选，整理我们的实践资料，并将近两年的资料汇集成成果册，展示在龙游溪口未来乡村的展示之窗。随着新成员的加入，我们也逐渐设计系统的专题课程，开展二十四节气主题活动，将农耕文化带入溪口课堂。在这期间，我们成立了新闻稿编辑小组，作为负责组长，我积极与老师对接，每周按时将上课情况与磨课成果整理与推送。文本撰写能力的提升、海报排版审美的提高，也让我们在互联网大赛中取得了不错的名次。作为一名志愿者老师，在南孔学堂的近一年的工作之中，我学习到了很多。因为之前对支教有很多憧憬，所以我很果断地来到了溪口。虽然开始的时候有很多困难，但我很幸运遇到了一群很可爱的孩子。在他们的陪伴下，我有勇气去面对、去做一些从来没做过的事情和不敢尝试的事情。与此同时，我也有很多遗憾，遗憾时间太短，不能和孩子们相处更久，遗憾没有更加深入地了解孩子们。在最后的汇报演出呈现之中，我看到了孩子们的努力，我们互相真心相待，共同期待下一次的美好相遇。

访谈11——孙涵

在这次南孔学堂夏令营活动中，我承担了三班这一个月的早读工作，准备了丰富多彩的早读材料。我不仅对语文中的古诗古文进行了详尽的讲解，还为学生们扩展了许多有趣的课外知识。同时，为了提升学生的英文水平，我也为他们准备了优美的英文诗句和单词。这样的学习内容不仅增强了学生们的阅读能力，还拓宽了他们的知识面。更重要的是，通过每天早晨的共同学习，我与学生们之间的互动和沟通也变得更加频繁和深入。

在早读的内容中，我不仅仅局限于课本知识，还经常穿插一些思想品德教育的内容。例如，我会为学生们讲述一些励志的故事和优秀人物的事迹，希望他们能从中汲取正能量，培养出积极向上的价值观和道德观念。

早读课结束后，我还会为学生提供作业辅导，帮助他们解决遇到的难题，并及时鼓励他们取得的进步。

此外，我们团队还在衢州学院暑期社会实践风采大赛中荣获了“十佳团队”的称号，并在2023年衢州市第四届新时代文明实践志愿服务项目大赛中获得了铜奖。

对我而言，这次夏令营的经历也对我的教学方法产生了深远的影响。在给农村学生上课的过程中，我意识到传统的教学方法可能并不适合所有的学生，而新的教学方法，如“闯关式”教学、小组合作学习和个性化教学，取得了很好的效果。这使我更加坚信，教学方法的创新是提高教学质量的关键。

总的来说，这次夏令营不仅让我更深入地理解了乡村教育的现状和挑战，也让我在教学方法和教育理念上有了更大的提升。乡村教育的推进不能仅仅依靠政府的力量，还需要社会各界的共同参与。此次我最大的成长点是拓展和灵活运用教学方法，提升团队协作能力、领导能力和社会责任感。这些经历将对我未来的职业发展和个人成长产生深远的影响。我将珍视这次社会实践经历，积极应用所学，为教育公平、为学生的成长与发展不断努力。

访谈 12——董丽佳班主任

董丽佳同学是个很有爱心的同学，比较喜欢公益活动，学习很认真，工作很负责，是班里的班干部。她对班级活动很积极也很有想法，自从参加南孔学堂项目，她更有目标也更有干劲了，浑身散发出自信。

访谈 13——董丽佳老师

董丽佳同学学习很刻苦，喜欢提问，喜欢和同学一起讨论。我上的是“国际市场营销”课程，其中有大量的讨论题，讨论过程中董丽佳同学往往是小组的核心人物。小组讨论时，她一般喜欢给大家分工。最后呈现讨论结果时，大多数情况都是她上台做总结，台风比较好，不怯场，很有礼貌，她所呈现的观点比较新颖、独到，而且往往喜欢从多角度思考问题。总的来说，她是个比较有思想的人，与同龄人比思想比较成熟，考虑问题比较周到，可能这是她经常参加社会实践活动的原因吧。

访谈 14——董丽佳同班同学

董丽佳是我的室友，我们寝室很温馨，因为有她做我们的寝室长。她特别热情，很会照顾人，就像个大姐姐。她特别有干劲，总是风风火火，学习很上进，经常往图书馆跑。在参加南孔学堂之后，她做事情更加雷厉风行，以前想着考研，后来想尽早到社会上参加工作，希望能早点闯出自己的一片天地，希望能做个对社会有用的人，希望能发挥自己的特长回馈社会。我认为她这样子很好，非常脚踏实地。

访谈 15——董丽佳工作单位同事

董丽佳刚参加工作半年，是个很有拼劲的人，做事有担当，处理事情很果断，遇上事情，她一般很冷静，有条不紊，一点都看不出是刚入职的新人。

她对同事很热情，对待工作尽心尽责，而且她很有人格魅力，总是能与客户在较短时间内成为朋友，她的真诚往往很容易就促成了交易。目前她的业绩远超她的任务，我认为她真的很优秀。

访谈16——董丽佳工作单位领导

董丽佳是2022年入职我们单位的业务员，经过半年的观察，她非常适合销售，她很擅长与人打交道，很有亲和力也非常有耐心，还不怕吃苦，遇到问题总是积极面对，一般都能自己解决，也不抱怨，有任务就上，敢于挑战自己。入职半年来她业绩突出，和同事相处融洽，是客户零投诉的业务员，已经获得5次月考核业绩第一。

访谈17——南孔学堂项目负责老师

董丽佳同学在衢州学院的表现一贯优秀，她以一颗公益之心，积极投身于校园和社会的各种活动中。从入学之初，她就展现出了乐于助人的品质，经常帮助老师收发作业，每周二下午还会到外国语学院学工办担任志愿者，协助老师处理材料递交、文案编辑、办公室资料整理和会务接待等工作。尽管许多志愿者在一段时间后选择退出，董丽佳同学却始终坚持下来。

在班级活动中，董丽佳同学同样表现出色，无论是核酸检测还是体温检测，她都积极参与志愿者工作。她还是暑期社会实践的积极分子，在运动会、晚会、班级主题活动日以及课堂讨论中都活跃着她的身影。学习上，她勤奋刻苦，成绩在年级中名列前茅，课堂上与老师积极互动，深受老师的喜爱。生活上，董丽佳同学朴素而独立，她利用业余时间兼职家教，不仅享受教学的过程，也在实践中学习和提升自己。她认为教授小朋友是一种享受，同时也是一种自我学习的过程。家教的收入还能让她丰富自己的业余生活，如观看电影和购买书籍。

大二时，董丽佳同学对辩论赛产生了浓厚的兴趣。在辩论中，她以鲜明的观点和清晰的条理脱颖而出。在准备过程中，她积极组织队员，反复推敲观点，查阅大量资料。面对困难和挑战，她总是能够鼓舞士气，寻找解决方案，展现出不屈不挠的精神。

在南孔项目的申报前期，董丽佳同学展现了她的领导力和坚持。尽管其他同学纷纷放弃，她依然坚持深入溪口，联系当地政府，努力寻找项目的切入点。她坚信自己可以用所学知识帮助更多的小朋友，为振兴乡村经济作出贡献。最终，项目确定了以服务溪口小学生暑期学习为目标的方向。

项目实施过程中，董丽佳同学面临了诸多挑战，包括住宿饮食的不便、学校办学场所的变动、小朋友接送的安全问题、项目组成员的配合、课程设计和管理以及家校联系等。此外，还有亲子活动的审批、项目结业晚会的节目安排和经费问题，以及项目组成员的教学效果等。面对这些问题，董丽佳同学总能以充沛的精力、实力、耐力和魄力去解决，赢得了大家的尊重和赞誉。溪口的小朋友和家长朋友们都对董丽佳同学赞不绝口，她的表现不仅赢得了他们的喜欢，也必将对她的未来产生深远的影响，为她的职业发展奠定坚实的基础。

访谈18——南孔学堂学员家长（邱梓涵爸爸）

南孔学堂在溪口的公益教育活动为我们带来了极大的便利和贴心的服务。在得知这一消息后，我们立刻带着孩子前来报名。我们最初可能并没有预料到孩子们会如此喜欢南孔学堂的老师，但我们很快发现，这些老师不仅特别负责，而且极具爱心和耐心，让孩子们在愉快的氛围中学习和成长。

南孔学堂的课程非常实用，弥补了常规学校教育中可能忽视的兴趣特长和文化素养方面的培养。孩子们在这里不仅接触到了传统的学科知识，还有机会参与演讲与口才、手工、舞蹈、绘画、物理化学实验、社会科学、美育、环保、国学、书法、英语、历史地理等多样化的课程。此外，南孔学堂还开展了异国风情体验、民族服装体验等特色活动，让孩子们的暑假生活更加丰富多彩。

通过参加南孔学堂的课程和活动，孩子们在很多方面都有了显著的进步。我们发现，孩子们做作业的速度和作业完成质量都有了提高，他们变得更加主动和自觉，书写也变得更加工整和美观，写字姿势也变得规范。更重要的是，孩子们变得更加自信，不再害怕在人前表达自己的意见。孩子们对于手机和电脑的使用也变得更加有节制。

南孔学堂的年轻志愿者们放弃了暑假休息的时间，选择来到溪口这个小地方，用自己的知识和热情为孩子们服务，这种精神让人钦佩。他们的无私奉献不仅丰富了孩子们的暑假生活，也在孩子们心中种下了积极向上、乐于助人的种子。孩子们表示，长大后也要向这些志愿者学习，成为一个对社会有用的人。希望南孔学堂的项目能够持续办下去，并且越办越好！

访谈 19——南孔学堂学员

6 年级的徐诺妍参加过南孔学堂，她最喜欢国学和手工课。听说今年暑假衢州学院的哥哥姐姐们还要来给他们上课，她第一时间让父母帮她报了名。小学毕业的暑假没有作业，但徐诺妍已经开始预习初一的课程，这个暑假她打算背完 2 500 个英语单词，自学部分文言文。这些计划都将在南孔学堂完成。

郑凌萱的父亲是长途货车司机，母亲在溪口镇卖童装，暑假都没有时间照顾郑凌萱。郑凌萱参加过南孔学堂，她非常喜欢这些哥哥姐姐们上的科学实验、小小演说家、国学素养等课程。得知今年这些大学生要在溪口继续办南孔学堂暑期班，这让郑凌萱的父母很开心。他们说："南孔学堂暑期班是全免费的，在这里，不仅能保证孩子们的安全，还能让他们学到知识。"

访谈 20——溪口群众

我们很喜欢南孔学堂，因为它能够提供一个既安全又富有教育意义的环境，让这里的孩子们在暑假期间有地方去，有事做，而且完全免费。孩子们在南孔学堂不仅能够学习到许多新奇的知识，还能参与到各种有趣的活动中去。这一点对于我们来说非常重要，因为孩子们在假期中很容易沉迷于手机和电脑，这不仅会影响学习，还可能对身心健康产生不良影响。南孔学堂让孩子们有了更好的选择，能够在玩乐中学习，同时也避免了长时间面对电子屏幕。

由于工作忙碌，我们很难有足够的时间陪伴孩子，而外面的世界对孩子们来说又充满了安全隐患。因此，南孔学堂不仅解决了我们的燃眉之急，也让孩子们的暑假变得更加充实和有意义。

衢州学院的志愿者们以他们的爱心和奉献精神，为我们这里的孩子们带来了宝贵的学习机会和快乐的时光。我们都对此表示深深的感激，并希望这样的好事能够持续下去，希望志愿者们每年都能过来，继续为孩子们的成长贡献力量。

3）整理访谈资料

访谈资料整理如下：

访谈1：受访者认为南孔学堂项目帮助她明晰了职业规划，提升了活动组织能力、文稿撰写能力、人际交往能力，坚定了对个人价值的追求。

访谈2：受访者认为在南孔学堂作为志愿者老师的实践经历，让她深入了解了教育的意义，锻炼了她的各项能力。通过南孔学堂的实践，她不仅提升了自己的写作和创新能力，也带领团队获得了多项荣誉和好评。

访谈3：受访者认为通过南孔学堂的实践，她不仅提高了教学能力，还学会了如何与孩子们沟通。这个项目让她结识了许多志同道合的朋友，并得到了很多帮助和支持。南孔学堂提供了创新创业的机会，让学生在实践中得到了锻炼和提升。

访谈4：受访者认为他在南孔学堂教学实践中成长了许多，不仅教授了孩子们知识和技能，还传递了关爱和温暖；同时，也锻炼了自己的语言沟通能力和责任心，更加明确了自己的目标和价值。并且，他相信这样的教学实践可以促进教、学、思共同发展。

访谈5：受访者认为通过南孔学堂实践的经历，她提升了自己的能力和自信心，同时也被孩子们的童心和善良所打动，还学会了如何与团队成员有效沟通、协作。这些经历让自己更加成熟、自信，为未来的发展奠定了坚实的基础。

访谈6：受访者在南孔学堂实践中不仅教授了溪口小朋友们有趣的知识，还成功举办了亲子活动并获得家长和老师好评。同时，她还负责南孔学堂新闻稿的编写和改写，学习了新闻稿编写的知识和技巧，这些经历为以后的工作与学习提供了宝贵的经验。

访谈7：受访者在南孔学堂的工作中，扮演了多重角色，不仅在实践中提升了教学能力、沟通能力和组织能力，还深入了解了溪口地区的文化和生活方式。通过参与志愿服务项目大赛和社会实践风采大赛，他学会了如何以简洁明了的语言和简单易懂的方式帮助学生解决问题，同时也锻炼了逻辑思维和设计能力。通过这段经历，他学会了更加珍惜生活，人生阅历得到丰富。

访谈 8：受访者在南孔学堂的志愿服务活动中不仅提高了教学能力，还学会了如何与孩子们有效沟通，同时，深感教师职业的神圣与光荣，也能更加自信地面对未来的挑战。她希望南孔学堂能够继续为更多人提供助学机会，为教育事业贡献力量。

访谈 9：受访者在南孔学堂的暑期支教社会实践活动中不仅学会了如何与孩子们有效沟通和相处，还培养了自己的耐心和自信心，深入了解了溪口地区的文化和生活方式，同时也体验了不同地区的教育条件。

访谈 10：受访者通过“一人一档”记录孩子们的成长，见证了孩子们的进步。同时，在教授“小小演说家”课程时，他鼓励孩子们大胆表达，培养他们的自信。这次实践活动锻炼了他的耐心和信心，并且让他明白了实践对大学生发展的重要性。

访谈 11：受访者认为南孔学堂实践活动让自己在教育理念、教学方法和团队协作方面取得了显著成长，并且学会了如何根据学生的需求灵活运用不同的教学方法，同时也认识到了团队协作和领导能力的重要性。这次经历让她更加关注乡村教育的现状和挑战，并意识到社会各界共同参与乡村教育的重要性。

访谈 12～17：受访者都认为董丽佳同学在南孔学堂项目中展现出极大的成长。她积极参与公益活动，学习认真，工作负责，是班里的积极分子，常常呈现出新颖、独到的观点。在工作中，她有拼劲，做事有担当，处理事情果断，不怕吃苦。作为新入职的业务员，她业绩突出，和同事相处融洽，是客户零投诉的业务员。在南孔学堂项目中，她组织同学前往溪口，寻找项目切合点，以服务小学生暑期学习为目标，为振兴乡村经济做贡献。她的南孔学堂项目经历说明：她的努力、热情和担当精神将为她的未来发展奠定坚实的基础。

访谈 18～20：受访者认为南孔学堂项目对大学生成长有着积极的影响。

大学生们通过参与项目，提升了教育理念，学习了教学方法，并锻炼了团队协作能力和领导能力。同时，他们也拓宽了视野，增强了社会责任感，更加关注乡村教育的现状和挑战。这个项目不仅让大学生们有机会回馈社会，也让他们在实践中学习和成长，为未来的职业发展打下坚实的基础。

4）得出结论与提出建议

结论：南孔学堂项目对大学生的成长产生了深远的影响。

首先，这个项目为大学生们提供了一个实践教育的平台，让他们有机会将所学知识应用于实际教学中，从而提升了他们的教育理念和教学方法。通过与孩子们的互动，大学生们更加深入地理解了教育的本质和意义，也更加懂得如何根据学生的需求和特点进行教学。

其次，南孔学堂项目锻炼了大学生们的团队协作能力和领导能力。在项目中，他们需要与团队成员紧密合作，共同策划和执行各种活动。通过组织和协调工作，大学生们提升了团队协作和沟通能力，也学会了如何在团队中发挥领导作用。这种能力对于他们未来的职业发展非常重要，无论是在教育领域还是其他行业，都需要具备优秀的团队协作和领导能力。

此外，南孔学堂项目还拓宽了大学生们的视野，增强了他们的社会责任感。通过参与项目，他们接触到了乡村教育的现状和挑战，了解了不同地区的教育条件。这种经历让他们更加关注社会问题，认识到自己作为社会成员的责任和使命。这种视野的拓宽和社会责任感的增强对于他们未来的发展也非常重要，能够帮助他们更好地适应社会，做出更有意义的贡献。

建议：

第一，为了给更多的大学生提供实践机会，学校可以持续推进南孔学堂项目，扩大项目的影响力。同时，可以与更多的高校、社会组织合作，共同推动项目的实施。

第二，通过各种渠道加强南孔学堂项目的宣传和推广，让更多的人了解这个项目。例如，可以通过校园宣讲、社交媒体、网络平台等方式进行宣传，吸引更多的大学生参与。

第三，针对参与南孔学堂项目的大学生，学校可以提供更多的指导和支持。例如,可以邀请教育专家、社会公益组织代表等为他们提供培训和指导,帮助他们更好地发挥自己的能力和潜力。

第四,为了更好地支持参与南孔学堂项目的大学生,学校可以关注他们的成长过程。例如,可以通过定期的回访、评估等方式了解他们的进步和需求,为他们提供个性化的支持和帮助。

第五,为了满足更多大学生的需求,学校可以拓展南孔学堂项目的内容。例如,可以增加更多的教育课程、社会实践机会等,让大学生们有更多的选择和体验。

第五章

社会实践助力大学生成长

基于第四章对大学生在社会实践中的成长的实证分析，笔者在本章中以南孔学堂为例，主要阐述大学生在社会实践中的成长的具体表现。通过参加南孔学堂项目，大学生的成长主要表现在五个方面：一、知识拓展；二、能力提升；三、心智成熟；四、品格锻炼；五、视野拓宽。

在大学生社会实践与成长的关系中，南孔学堂提供了一个独特的观察视角。南孔学堂不仅是一个教育项目，更是一个融合理论与实践的综合性平台。它精心设计的多样化课程，使大学生在实践中汲取知识，又在知识的海洋中实践所学。

在知识拓展方面，南孔学堂涵盖了英语、物理、教育、历史、地理等多个学科领域，深入学习这些知识对提升大学生的综合素养至关重要。同时，对儒学礼节、多元文化（包括民族文化、国际文化、地方文化等），以及各类习俗（如二十四节气、环保理念、手工艺、书法、舞蹈等）的涉猎极大地提升了大学生的人文素养。

在能力培养上，大学生通过实践活动，将所学知识应用于实际，提高了知识应用能力；通过参与教学活动，锻炼了教学技能；通过将科技元素融入课程设计，培养了科技应用能力。此外，在团队协作与项目管理中，大学生提升了团队协作与管理技能；在人际沟通、领导能力、表达能力、科研能力、创新能力、动手能力、自主学习、独立思考、情绪控制、环境适应以及解决问题能力等多方面的实践中，大学生获得了全面的成长。

值得一提的是，南孔学堂的课程中融入了国际文化元素，这有助于大学生更好地理解和适应国际化的社会环境。通过诸如喜迎亚运会等活动，大学生的国际视野和跨文化交流能力得到了显著提升。

此外，南孔学堂实践活动还为大学生提供了明确人生规划的契机。在设定学习目标和职业目标的过程中，大学生更加明确了自己的人生方向，同时培养了社会责任感和使命感。

性格品质的培养也是南孔学堂实践活动中的重要一环。志愿服务等活动培养了大学生的吃苦耐劳精神和服务意识;团队项目则锻炼了他们的团队合作能力和沟通表达能力。这些良好品质和能力的培养对大学生未来的成长和发展具有深远影响。

综上所述,南孔学堂项目对大学生成长的影响主要体现在五个方面:专业知识与素养的拓展、综合能力的提升、心智的成熟、品格的锻炼和视野的拓宽。这些影响无疑为学生们的未来发展奠定了坚实的基础。

一、知识拓展

(一) 专业知识

1. 英语

趣味英语课堂上,为了增加课堂的趣味性与可接受性,大学生在词汇方面收获颇大。比如“走进四大发明、品味趣味英语”,加强了大学生对中国四大发明相关的单词的掌握。

另外,通过对记忆技巧的教授,大学生对英语的前缀、后缀和词根产生了浓厚的兴趣。他们不仅对单词的词性及英语的构词法有了更深入的理解,而且发现单词学习可以不再枯燥。通过参与字母积木、单词拼图、猜单词、连连看、单词达人等游戏,大学生们掌握了英语单词的记忆窍门,认为背单词不再是件痛苦的事情。在角色扮演、分角色朗读、英文自我介绍以及场景英语仿真练习的指导下,大学生们意识到,只有灵活应用英语,才能真正体会到单词的含义,学到地道的英语。在早读课堂上,英语诗歌的朗诵不仅加深了学生对诗歌的欣赏,也使他们更好地了解了英语国家的文化。

2. 物理

“探索二氧化碳的多种奥秘”一课使大学生们掌握了二氧化碳的物理性

质和化学性质。“揭秘体积与质量的关系——密度”课程使学生对密度有了更深入的理解。“神奇的小火山实验——密度”让学生在实践中领悟到，当液体的密度大于下方物质的密度时，液体便会如同火山喷发一般。“碘熏法制作指纹”实验让学生了解到指纹的油脂和汗水在光的照射下会散射光线，从而形成指纹。“动力火箭实验”涉及能量守恒原理。火箭发射时，燃料燃烧产生的气体向后喷出，根据能量守恒原理，火箭得以向前推进。“牛顿三大定律”的学习使学生掌握了惯性定律。“土耳其热气球”实验展示了热力学的魅力。热气球通过加热空气使其上升，这是因为热空气的密度小于冷空气。这些课程涵盖了气体、液体、光学、力学、热力学等多个物理领域的知识。通过这些实验和活动，大学生能够更深入地理解物理概念和原理，并运用它们解决实际问题。

3. 教育

南孔学堂的课程有 20 多种，基于“人文素养”的指导原则，大学生对龙游溪口进行了实际调研，根据小学生的需求、地方特色文化制定了许多趣味性、文化性、知识性强的课，例如“硬笔课堂”“字帖临摹课”“童心向党迎亚运、争做时代好少年演讲”“亚运知识闯关”“自然美育，亲子同行”“亲子活动：与爸爸妈妈做环保面具”“亲子活动：逛孔庙”“异国美食课堂”“异国舞蹈课堂”等等。

这些课程涵盖了科学、艺术、文化、心理健康、环保、领导力等多个领域，需要大学生们融合各学科知识与教学方法，为孩子们打造综合性学习体验。例如，“探索二氧化碳的多种奥秘”“揭秘体积与质量的关系——密度”等课程需要大学生们不断创新教学手段。

通过教授“绘画”“书法”“古诗朗诵”“国学手鼓”等艺术类课程，大学生可提升艺术素养与审美能力，并学习如何传授这些技能。而“儒家小弟子”“儒家传统礼仪”“龙游文化”“民族文化”等课程，则让大学生深入理解传统文化与习俗，并学会传承。

“小心理健康师”等课程教授基本心理健康知识和辅导技巧，助力大学生建立健康心理状态。而“环保小卫士”“节能节源靠大家”等课程，则培养大学生的环保意识和社会责任感，同时提升其个人环保意识。

通过教授“小领导”“亲子活动”等课程，大学生可学习培养团队合作精神和领导力，同时提高团队协作能力。而“异国文化课堂”“异国美食课堂”“异国舞蹈课堂”等课程，则教导大学生如何进行跨文化交流和教育，拓宽国际视野。

此外，“趣味闯关”“传递数字小游戏”“你划我猜小游戏”等课程，将游戏元素融入教学，激发学生学习兴趣。这些课程设置体现了大学生教学能力的提升，他们学会了根据需求设计创新课程，为未来职业生涯奠定了坚实基础。

在教学过程中，许多学生担任班主任，有效提升了自己的班级管理能力。南孔学堂实行“一人一档”的学生管理制度，践行“因材施教”和“以学生为本”的教育理念，对大学生教育观念影响深远。

通过参与南孔学堂项目，大学生对农村教育特点有了深入了解，认识到城乡教育差距，意识到农村教育需要更多关注与支持。乡村振兴与农村教育息息相关，提升农村教育水平将推动乡村振兴。因此，社会各界关注农村教育就是助力乡村振兴。

4. 历史、地理、文化

在“介绍家乡——龙游溪口”的课程中，大学生们经过深入的文献资料查阅，对龙游溪口的历史、地理、文化等方面有了全面的了解。

溪口镇以其众多的古建筑和珍贵的文物而闻名，其中国家重点文物保护单位“蒋氏故居”更是其独特魅力的象征。这里还孕育了诸多历史人物，如徐偃王、刘章、劳景贤等，他们的事迹和成就成为了溪口文化的重要组成部分。在溪口，传统文化活动丰富多彩，如庙会、灯会以及龙舟赛等。这些活动不仅展示了溪口人民的热情与活力，也体现了当地深厚的文化底蕴。

溪口镇地理位置优越，交通便利，是浙西南山区竹木材及制品的重要集散地。溪口的建筑风格是典型的江南水乡风格，既有商铺、作坊，也有古民居，它们错落有致地分布在古街上，全面地展示了溪口曾经的辉煌和人民富足的生活场景。

溪口地区的饮食文化也非常丰富，有许多独特的美食和特产，如溪口千层饼、龙游发糕等。这些美食不仅满足了人们的味蕾，也承载了深厚的历史和文化底蕴。溪口的民间艺术同样丰富多彩，剪纸、刺绣、竹编等传统手工艺在这里得到了很好的传承和发展。这些艺术形式不仅具有很高的艺术价值，也是传承和弘扬当地文化的重要途径。

值得一提的是，溪口的竹林是当地的一大特色。龙游县南乡一带享有“浙江大竹海”之誉，而溪口镇则位于这片竹海的环抱之中。除了自然景观外，溪口的竹林还与当地的文化和经济紧密相连。竹子是溪口地区重要的经济作物之一，为当地居民提供了丰富的资源。同时，竹子在当地的传统手工艺中也发挥着重要作用，如竹编、竹雕等。这些手工艺品以其独特的艺术风格和精湛的工艺赢得了广泛赞誉。

（二）人文素养

通过教授“儒家小弟子”与“儒家传统礼仪”，大学生能够深入领悟儒家思想、伦理道德及礼仪规范等，从而加深对儒家文化的认知与理解。借助“二十四节气”和“古代茶艺”等课程，大学生得以了解中华传统文化与习俗，包括节气变迁和茶文化等，进而增强对传统文化的热爱与传承意识。在“绘画”和“书法”等课程中，大学生不仅能够掌握艺术技能和审美知识，还能提升自身的艺术修养和审美品位。而“古诗朗诵”课程则有助于大学生学习语言表达和朗诵技巧，提高自身的语言表达能力。此外，“国学手鼓”课程的教授使大学生掌握乐器演奏技巧，进一步提升音乐素养和演奏能力。

开设这些课程，有助于大学生更深入地理解中国传统文化、艺术和礼仪等方面的知识，同时提升他们的文化修养和艺术技能。更为重要的是，这将为传承和弘扬中华优秀传统文化贡献力量。

二、能力提升

（一）教学能力

参与南孔学堂实践项目的大学生在教学领域取得了丰硕的成果。例如，在主讲课程之前，学生们需进行磨课。在这个过程中，衢州学院和溪口镇中心小学的教师担任他们的指导老师，对课程设计、板书、教学效果、互动环节以及教学内容等方面提出宝贵意见和建议。此外，学生们还掌握了资料查阅技巧。为了提升课堂效果和趣味性，他们在上课前需进行大量资料查阅。

在课堂上，学生们通常会展示PPT和小视频，这是他们在课前通过电脑和网络精心制作的。一个暑期下来，学生们在电脑技术和编程能力方面取得了显著进步。在教学过程中，大学生们灵活运用“游戏教学”“闯关教学”“趣味教学”“亲子教学”“手势舞教学”“实践教学”等方法，进一步提升了自己的创新能力和自学能力。

（二）合作能力

在参与南孔学堂的过程中，大学生的协作能力得到了显著提升。他们在教学领域携手并进，共同备课，各科任课教师也频繁合作，一同研发和创新课程。以“走进四大发明”为例，这一课程最初源于“国学课堂”的历史课程，后来英语专业的学生在其基础上进行了调整和完善，最终以“走进四大发明，品味趣味英语”的形式呈现给孩子们。此次合作经验使得同学们养成了相互学习、备课的习惯。

他们深刻体会到，有效的合作能够促使资源最大化发挥，实现共同成长。在课堂教学方面，他们相互听课、相互提意见，认识到授课者必须具备自身特色。同时,借鉴他人的优点也能达到事半功倍的效果。合作让学生学会了如何借力发力,实现共同进步。

在学生管理方面,大学生们的协作精神尤为突出。有的负责课堂秩序;有的负责安全保障,如学员接送工作;有的负责家校沟通,如及时与小学生家长交流,传递学生在课堂上的表现。在南孔学堂结业典礼晚会上,大学生们更是齐心协力,共同策划节目、挑选表演者、布置舞台、安排家长座位等。他们的默契合作,赢得了舞台效果的赞誉和家长的一致好评。

此外,南孔学堂项目位于溪口,学生在暑假期间在此学习、生活。他们共同面对生活中的种种挑战,如同学临时生病、工作遇到瓶颈等。在这种情况下,他们相互扶持、相互照顾,充分发挥各自优势,共同完成了暑期社会实践任务。这些经历使得他们在合作中不断成长,为未来的人生道路奠定了坚实基础。

(三) 协调能力

在参加南孔学堂项目的过程中,大学生需要任务协调。大学生在实践活动中的任务可能包括组织、策划、执行等多个环节。他们需要协调各个环节之间的关系,确保活动的顺利进行。在这个过程中,他们需要学会合理分配时间和资源,处理各种突发情况,这有助于提升他们的任务协调能力。此外,大学生需要与不同背景、不同技能的人合作。他们需要学会与团队成员有效沟通,处理冲突,建立和维护良好的人际关系。通过这种经历,他们可以提升自己的人际关系协调能力。当然,实践活动往往需要使用各种资源,如场地、设备、资金等。大学生需要学会协调这些资源,确保活动的顺利进行。在这个过程中,他们需要学会与相关人员沟通,协商解决方案,这有助于提升他们的资源协调能力。然而,实践活动往往需要在有限的时间内完成。大学生需要学会合理安排时间,确保活动的按时完成。在这个过程中,他们需要学会制定计划,处理时间冲突,这有助于提升他们的时间协调能力。

总之，通过参加实践活动，大学生可以在多个方面提升自己的协调能力，为未来的学习和工作打下坚实的基础[①]。

（四）管理能力

参加南孔学堂实践活动的大学生们的管理能力得到了显著的提升，具体体现在以下几个方面。首先，大学生们通过深入学习管理知识，如阅读管理书籍、参加管理课程、聆听讲座等，掌握了管理的基本理论和实践技巧，对管理的原理和方法有了深刻的理解。其次，在实践活动中，大学生们将所学的管理知识付诸实践，通过参加社团、组织、团队等方式，锻炼了自身的管理技能，如决策、组织和协调能力等。同时，他们通过担任领导职务、组织活动等方式，培养了领导能力，不仅学会了如何带领团队、推动项目进展，还提升了个人在团队中的影响力和号召力。在时间管理方面，大学生们学会了制定计划、设定优先级、合理安排时间，从而确保了工作和学习的高效进行，提高了自己的时间管理能力。此外，他们还注重沟通技巧的培养，通过学习沟通技巧、提高沟通效率，增强了与他人的协作能力，使团队工作更加顺畅。面对问题时，大学生们学会了分析问题、寻找解决方案，并勇于承担责任，培养了问题解决能力。这不仅提高了他们的应变能力，也激发了他们的创新思维。最后，他们通过不断反思和总结自己的管理实践，总结经验教训，寻求改进意见，使自身的管理能力得到了持续的提升。

总之，参与南孔学堂实践活动的大学生们，通过学习管理知识、实践管理技能、培养领导能力、学会时间管理、增强沟通技巧、培养解决问题的能力以及不断反思和总结，显著提高了自己的管理能力，为未来的人生和职业道路奠定了坚实的基础。

---

① 孙敏，张吉．竞赛活动对培养和提高大学生创新能力的研究与探讨[J]．中国多媒体与网络教学学报（上旬刊），2023(5)：165－168．

(五) 沟通能力

参加南孔学堂实践项目的大学生们的沟通能力得到较大提高。在项目实践中，大学生们需要与学生、家长、指导老师、当地居民沟通，这些经历都极大地锻炼了他们的沟通技巧和能力。例如，在与学生的互动中，大学生们学会了用简单明了的语言解释复杂的概念，确保学生能够理解并吸收知识。他们还学会了倾听学生的问题和反馈，以便更好地满足学生的学习需求，调整教学策略。这不仅提高了自己的沟通技巧和能力，还增强了与不同人群建立信任和有效合作的能力。这些经验对他们未来的学习和职业发展都将产生积极的影响。

(六) 领导能力

决策能力提升：在实践活动过程中，大学生需要面对各种问题和挑战，需要做出决策。通过实践，他们可以学会如何分析问题、权衡利弊、做出明智的决策，从而提升自己的决策能力。

团队协作能力提升：领导能力不仅仅是个人的能力，还包括与团队成员协作的能力。在实践活动中，大学生需要与团队成员密切合作，共同完成任务[①]。通过实践，他们可以学会如何与团队成员沟通、协调、合作，从而提升自己的团队协作能力。

影响力提升：在实践活动中，大学生需要向团队成员传达自己的想法和目标，并激励他们积极参与。通过实践，他们可以学会如何影响他人、激发团队成员的积极性和创造力，从而提升自己的影响力。

领导风格形成：在实践活动中，大学生可以逐渐形成自己的领导风格。他们可以尝试不同的领导方式，如民主式、权威式等，并观察哪种方式更有效。通过实践，他们可以找到适合自己的领导风格，并不断提升自己的领导能力。

---

① 孙敏，张吉.竞赛活动对培养和提高大学生创新能力的研究与探讨[J].中国多媒体与网络教学学报(上旬刊)，2023(5)：165－168.

解决问题的能力提升：在实践活动中，大学生需要面对各种问题和挑战。通过实践，他们可以学会如何分析问题、寻找解决方案，并采取行动。这有助于提升他们的问题解决能力，进而提升自己的领导能力。

（七）表达能力

语言表达能力提升：通过参加各种活动，如演讲、古诗朗诵、讲故事等，大学生可以提高自己的口头表达能力，包括发音、语调、语速、停顿等方面的技巧。他们可以学会如何清晰、准确地表达自己的想法和观点，使听众更容易理解和接受。

写作能力提升：在活动中，大学生可能需要撰写活动总结、心得体会、宣传文案等。通过写作实践，他们可以提高自己的写作能力和表达能力，包括文字的组织、结构的安排、语言的运用等方面。

沟通技巧提升：在实践活动中，大学生需要与团队成员、观众等进行沟通。通过实践，他们可以学会如何与他人有效沟通，包括倾听、理解、回应等方面。他们可以学会如何运用适当的语言和表达方式与他人交流，以达到更好的沟通效果。

自信心增强：通过参加实践活动，大学生可以逐渐提高自己的自信心。他们可以发现自己擅长的领域和不足之处，从而更有针对性地提高自己。自信心的增强有助于他们在未来的学习和工作中更好地表达自己的想法和观点。

（八）科研能力

科研意识和兴趣增强：通过参加实践活动和比赛，大学生可以更深入地了解科研工作的意义和价值，增强对科研工作的兴趣和热情。他们可以意识到科研对于推动社会进步、提高人类生活质量的重要性，从而更加积极地投入科研工作。

科研方法和技能提升：在实践活动中，大学生需要运用各种科研方法和技能，如文献查阅、实验设计、数据分析、论文撰写等。通过实践，他们可以逐渐掌握这些方法和技能，提高自己的科研能力和水平。

独立思考和创新思维培养：在实践活动中，大学生需要独立思考、发现问题、提出解决方案。这种独立思考和创新思维的培养有助于他们在未来的科研工作中更加自主、创新地开展研究。

科研成果和学术素养积累：通过参加实践活动和比赛，大学生可以积累丰富的科研经验和成果。这些经验和成果可以作为他们未来学术发展的基础，提高他们的学术素养和水平。

（九）创新能力

问题解决能力：通过实践活动，大学生学会了如何分析和解决问题，能够从不同的角度思考问题，并提出创新的解决方案。

创新意识：实践活动为大学生提供了创新的机会和环境，让他们能够在实践中发现问题，并提出新的想法和解决方案，从而培养了创新意识。

学习能力：通过参加实践活动和比赛，大学生能够不断学习和掌握新的知识和技能，从而提高了自己的学习能力。学习是个人自我提升的途径，一个具备学习能力的人更有可能发展出创新能力。

（十）动手能力

操作技能的提升：通过参与实践活动，大学生可以学习并掌握各种实际操作技能，如实验操作、手工制作、科技创新等。这些技能不仅可以帮助他们更好地理解理论知识，还可以在未来的学习和工作中发挥作用。

问题解决能力的提升：在实践中，大学生会遇到各种问题需要解决。通过动手实践，他们可以学会如何寻找解决方案，从而提高解决问题的能力。

创新思维的发展：实践活动鼓励大学生尝试新的方法和思路，从而培养了他们的创新思维。这种思维方式可以在未来的学习和工作中发挥重要作用。

团队协作能力的提升：在实践活动中，大学生需要与他人合作完成任务。通过团队协作，他们可以学会如何与他人沟通、协调，并共同完成任务。

自主学习能力：实践活动鼓励大学生主动学习新的知识和技能。通过自主学习，他们可以培养独立思考和解决问题的能力，从而为未来的学习和工作打下基础。

（十一）知识应用能力

理解和应用专业知识：通过参与实践活动，大学生可以更深入地理解所学的专业知识，并学会如何将其应用到实际场景中。例如，通过进行实验、制作模型等活动，可以更好地理解科学原理和物理现象。

跨学科应用知识：实践活动往往涉及多个学科领域，例如人文、科学、艺术等。大学生在参与这些活动时，可以学会如何将不同学科的知识结合起来，以解决实际问题。

实践中的经验积累：实践活动为大学生提供了丰富的实际操作机会，让他们可以在实践中积累经验，加深对知识的理解和记忆。

知识迁移能力：通过参与实践活动，大学生可以学会如何将所学知识应用到不同的情境中，提高知识迁移能力。

（十二）技术应用能力

新技术学习：通过实践活动，大学生可以接触到各种新技术，如互联网技术、人工智能技术等。他们可以学习并掌握这些技术的基本原理和应用方法，为未来的学习和工作打下基础。

技术应用能力提升：通过实践活动，大学生可以将所学的专业知识与新技术相结合，提高技术应用能力。例如，他们可以使用计算机技术进行数据分析、模拟实验等，提高科研能力和解决问题的能力。

技术团队协作能力提升：在实践活动中，大学生需要与他人合作完成任务。他们可以学会如何与团队成员有效地沟通、协调，共同完成技术任务。

技术问题解决能力提升：在实践活动中，大学生会遇到各种技术问题。通过实践操作，他们可以学会如何寻找解决方案，从而提高技术问题解决能力。

技术实践经验积累：实践活动为大学生提供了丰富的技术实践机会，让他们可以在实践中积累经验，加深对技术的理解和掌握。

（十三）自主学习能力

主动获取知识的能力：通过实践活动，大学生需要主动获取所需的知识，包括专业知识、技能和各种背景信息。他们需要利用各种资源，如图书馆、互联网、专业网站等，以获取所需的知识。

自我管理和自我约束的能力：在实践活动中，大学生需要自我管理和自我约束，合理安排时间、制定计划并按照计划执行。他们需要学会如何控制自己的情绪和行为，以适应不同的环境和挑战。

批判性思维和独立思考的能力：实践活动鼓励大学生进行批判性思维和独立思考，他们需要学会如何评估信息的可靠性、准确性和有效性，并在此基础上做出自己的判断和决策。

持续学习的能力：实践活动使大学生意识到自己需要不断学习和进步，他们需要学会如何保持学习的热情和动力，不断提高自己的能力和素质。

自我激励和自我调适的能力：实践活动可能会遇到各种困难和挑战，大学生需要学会如何激励自己、调整心态和情绪，以保持积极向上的态度和动力。

（十四）独立思考能力

独立思考问题的能力：通过参加实践活动，大学生需要独立思考各种问题，包括专业问题、技能问题、团队协作问题等。他们需要学会分析问题的本质、相关因素和可能的解决方案，从而培养了独立思考问题的能力。

批判性思考的能力：实践活动鼓励大学生进行批判性思考，对信息和观点进行评估和分析。他们需要学会如何评估信息的可靠性、准确性和有效性，并在此基础上做出自己的判断和决策。这种能力可以帮助他们在未来的学习和工作中更好地评估信息和做出决策。

独立思考的勇气：实践活动往往需要大学生独立思考和尝试新的想法，这需要他们具备一定的勇气和自信心。通过实践活动的锻炼，他们可以逐渐培养出独立思考的勇气和自信心，从而在未来的学习和工作中更加勇敢地表达和尝试自己的想法。

独立思考的持久性：实践活动需要大学生持续进行独立思考，不断探索和尝试新的想法和方法。这种持久性的思考和尝试可以帮助他们培养出独立思考的持久性，从而在未来的学习和工作中更加注重思考和创新。

（十五）自控情绪能力

情绪认知能力提升：通过实践活动，大学生需要接触各种情绪和情境，这有助于他们更加清晰地认识到自己的情绪，包括自己的情感状态、情绪变化和情绪表达。这种认知可以帮助他们更好地了解自己的情绪，从而更好地控制自己的情绪。

情绪调节能力提升：实践活动往往需要大学生面对各种挑战和困难，这需要他们具备情绪调节的能力。通过实践活动的锻炼，他们可以学会如何调节自己的情绪，避免过度反应或情绪失控，从而更好地应对各种挑战和困难。

情绪管理能力提升：实践活动需要大学生与他人合作、沟通和协调，这需要他们具备情绪管理的能力。他们需要学会如何管理自己的情绪，避免因个人情绪而影响团队协作和沟通。这种能力可以帮助他们在未来的学习和工作中更好地与他人合作和沟通。

情绪表达能力提升：实践活动鼓励大学生表达自己的情感和情绪，这有助于他们提高情绪表达能力。他们可以学会如何用恰当的方式表达自己的情感和情绪，从而更好地与他人沟通和交流。

情绪控制能力提升：实践活动需要大学生持续进行自我控制，包括控制自己的行为、语言和情绪等。通过实践活动的锻炼，他们可以逐渐培养出情绪控制的能力，从而在未来的学习和工作中更加自律和自我控制。

（十六）适应环境能力

适应新环境的能力提升：实践活动往往需要大学生在不同的环境、不同的情境下进行，这需要他们具备适应新环境的能力。通过实践活动的锻炼，他们可以学会如何快速适应新的环境，包括适应新的文化、新的团队、新的任务等。这种能力可以帮助他们在未来的学习和工作中更好地适应各种不同的环境。

适应不同挑战的能力提升：实践活动往往需要大学生面对各种挑战和困难，这需要他们具备适应不同挑战的能力。通过实践活动的锻炼，他们可以学会如何应对各种挑战和困难，包括应对新的任务、新的要求、新的挑战等。这种能力可以帮助他们在未来的学习和工作中更好地应对各种挑战和困难。

适应变化的能力提升：实践活动往往需要大学生面对各种变化和不确定性，这需要他们具备适应变化的能力。通过实践活动的锻炼，他们可以学会如何应对变化和不确定性，包括应对新的情况、新的要求、新的变化等。这种能力可以帮助他们在未来的学习和工作中更好地应对各种变化和不确定性。

适应压力的能力提升：实践活动往往需要大学生面对各种压力和挑战，这需要他们具备适应压力的能力。通过实践活动的锻炼，他们可以学会如何应对压力和挑战，包括应对工作压力、学习压力、生活压力等。这种能力可以帮助他们在未来的学习和工作中更好地应对各种压力和挑战。

（十七）解决问题能力

问题识别与分析能力的提升：通过实践活动，大学生需要面对各种复杂的问题和挑战，需要学会如何识别问题、分析问题的本质和关键要素。通过实践锻炼，他们可以逐渐提高问题识别和分析的能力，从而更好地理解和解决各种问题。

解决方案制定能力的提升：面对问题时，大学生需要学会制定有效的解决方案。在实践活动中，他们可以通过尝试不同的方法、借鉴他人的经验、寻求他人的帮助等方式，逐渐提高解决方案制定能力。

解决问题执行能力的提升：制定解决方案后，大学生需要将其付诸实践，这需要他们具备解决问题的能力。通过实践活动的锻炼，他们可以学会如何有效地执行解决方案，确保问题得到妥善解决。

（十八）挑战自我能力

勇于接受新挑战：通过参与实践活动和比赛，大学生有机会接触到各种新的、不熟悉的任务和挑战。他们需要勇于接受这些挑战，并尝试去解决问题、完成任务。这种勇于接受新挑战的精神是挑战自我能力的重要表现。

不断突破自我限制：在实践活动中，大学生可能会遇到各种困难和挫折，需要不断突破自我限制，挑战自己的极限。通过持续努力和不断尝试，他们可以逐渐突破自己的舒适区，实现自我超越。

主动学习新知识：为了应对实践活动和比赛中的各种挑战，大学生需要主动学习新知识、新技能。他们通过自主学习、向他人请教、参加培训等方式，不断提升自己的知识水平和技能水平。

积极面对失败和挫折：在实践活动中，失败和挫折是难免的。大学生需要学会积极面对失败和挫折，从中吸取教训，总结经验，不断调整自己的行动策略。这种积极面对失败和挫折的态度是挑战自我能力的重要表现。

不断提升自我要求：在实践活动中，大学生需要不断提升自我要求，追求更高的目标和更好的表现。他们通过设定更高的目标、制定更严格的计划、采取更有效的行动等方式，不断挑战自己的潜力。

三、心智成熟

（一）爱心

关注他人：大学生在参与实践活动和比赛的过程中，需要与他人合作、交流、互动。在这个过程中，他们更加关注他人的需求、感受和想法，表现出对他人的关心和尊重。

乐于助人：大学生在实践活动中，经常需要帮助他人解决问题、完成任务。他们乐于助人，愿意为他人提供帮助和支持，表现出强烈的爱心和责任感。

关爱社会：大学生在参与社会实践的过程中，需要关注社会问题、弱势群体。他们通过参与志愿服务、公益活动等方式，为社会作出贡献，表现出对社会和他人的关爱。

（二）自信心

自我认知增强：通过参与实践活动和比赛，大学生有机会展示自己的才能和潜力。在这个过程中，他们逐渐认识到自己的优点和不足，对自己的能力和价值有了更清晰的认识，从而增强了自信心。

勇于挑战自我：实践活动和比赛往往需要大学生挑战自我，面对未知的领域和困难。他们通过不断尝试、不断学习、不断进步，逐渐克服了畏难情绪，变得更加自信和勇敢。

积极面对挑战：在实践活动中，大学生会遇到各种挑战和困难。他们通过积极面对挑战、寻找解决问题的方法、不断调整自己的行动策略，逐渐培养了自信心和应对挑战的能力。

获得成功体验：在实践活动中，大学生通过努力和付出，获得了一定的成功体验。这种成功的体验让他们更加相信自己的能力和潜力，从而增强了自信心。

（三）公益心

参与志愿服务：大学生积极参加各种志愿服务活动，如社区服务、环保活动、扶贫济困等。他们通过志愿服务，为社会作出贡献，帮助需要帮助的人，表现出强烈的公益心。

倡导公益理念：大学生在实践活动中，积极倡导公益理念，呼吁更多人关注社会问题，参与公益事业。他们通过演讲、宣传、组织活动等方式，推广公益理念，推动社会公益事业的发展。

帮助解决社会问题：大学生在实践活动中，运用创新思维和创新能力，探索解决社会问题的方法和途径。他们通过创新的方式，推动公益事业的发展，为社会的进步贡献自己的力量。

（四）责任感

对自己负责：大学生在实践活动中，逐渐认识到自己的责任和使命，对自己所学知识和技能有更高的责任感。他们更加注重自我学习和自我提升，努力实现自己的学习目标和职业目标。

对他人负责：大学生在实践活动中，逐渐学会尊重他人、关心他人，积极与他人合作和沟通。他们更加注重团队协作和集体行动，愿意为他人提供帮助和支持。

对社会负责：大学生在实践活动中，逐渐认识到自己的社会责任和使命，关注社会问题和社会需求。他们更加注重参与社会公益事业，为社会作出贡献，关注环境保护、文化传承等方面的问题。

对未来负责：大学生在实践活动中，逐渐认识到自己的未来发展和成长的重要性，积极规划和设计自己的未来。他们更加注重自我反思和自我评估，不断调整自己的发展方向和发展策略。

（五）使命感

明确使命：大学生在实践活动中，逐渐认识到自己的使命和责任，明确自己的发展方向和目标。他们更加注重自我成长和自我实现，努力实现自己的使命和责任。

担当使命：大学生在实践活动中，积极担当自己的使命和责任，努力为社会作出贡献。他们更加注重团队协作和集体行动，愿意为他人提供帮助和支持。

践行使命：大学生在实践活动中，积极践行自己的使命和责任，将所学知识和技能应用于实际工作中。他们更加注重实践能力和创新能力的提升，不断探索新的思路和方法。

持续发展：大学生在实践活动中，认识到自己的使命和责任不是一时的，而是需要持续发展的。他们更加注重自我反思和自我评估，不断调整自己的发展方向和发展策略。

（六）尊重他人

尊重他人的人格：大学生在实践活动中，认识到每个人都有自己的人格和尊严，应该尊重他人的权利和感受。他们更加注重与他人建立良好的人际关系，避免使用侮辱性或歧视性的语言或行为。

尊重他人的意见：大学生在实践活动中，认识到每个人都有自己的想法和意见，应该尊重他人的不同观点和看法。他们更加注重倾听他人的意见和建议，并尝试理解他人的立场和观点。

尊重他人的文化：大学生在实践活动中，认识到每个人都有自己的文化和背景，应该尊重文化差异和多样性。他们更加注重了解和学习其他文化，并尝试适应不同的文化环境。

尊重他人的隐私：大学生在实践活动中，认识到每个人都有自己的隐私和权利，应该尊重他人的个人信息和隐私。他们更加注重保护他人的隐私权和个人空间，避免泄露他人的个人信息或进行不适当的干涉。

（七）服从安排

遵守规定和纪律：大学生在实践活动中，能够严格遵守各项规定和纪律，如活动的时间、地点、流程等，确保活动的顺利进行。

积极配合组织者：大学生能够积极配合活动组织者的安排，如分组、任务分配等，并能够按时完成分配给自己的任务。

尊重他人意愿：在团队协作中，大学生能够尊重他人的意愿和选择，不强行要求他人服从自己的意见或决定，而是通过协商和沟通来达成共识。

适应环境变化：在活动过程中，如果有突发的变化或调整，大学生能够迅速适应并调整自己的计划和行动，以确保活动的顺利进行。

承担责任和义务：大学生能够认识到自己在团队中的责任和义务，并愿意主动承担和完成自己的任务，不推诿或逃避责任。

（八）时间观念

计划和安排时间：大学生能够根据活动的安排和要求，制定详细的时间计划和安排，确保活动能够按时进行。他们能够合理分配时间，安排好自己的学习和生活，避免时间上的冲突和浪费。

遵守时间约定：大学生能够严格遵守活动的时间约定，如活动开始和结束的时间、报告或演讲的时间等。他们能够按时到达活动现场，并按照规定的时间完成各项任务，表现出对时间的尊重和遵守。

高效利用时间：大学生在活动中能够高效利用时间，尽可能在有限的时间内完成更多的任务和活动。他们能够合理安排时间，提高自己的工作效率，充分利用每一分每一秒。

适应时间变化：在活动过程中，如果有时间上的变化或调整，大学生能够迅速适应并调整自己的计划和行动。他们能够灵活应对时间的调整，表现出对时间变化的适应性和灵活性。

时间管理意识：大学生在活动中能够表现出强烈的时间管理意识，他们能够意识到时间的重要性，并积极采取措施来管理自己的时间。他们能够制定合理的时间表，规划好自己的学习和生活，确保各项任务能够按时完成。

四、品格锻炼

（一）吃苦耐劳

坚持不懈的精神：大学生在活动中能够表现出坚持不懈的精神，即使面临困难和挑战，也能够坚持下去，不轻易放弃。他们能够克服困难，克服疲劳，继续努力完成任务。

耐力和毅力：大学生在活动中需要长时间参与和投入，他们能够表现出良好的耐力和毅力。他们能够保持专注和耐心，坚持到底，直到完成任务。

承受压力的能力：在活动中，大学生可能会面临各种压力和挑战，如时间紧迫、任务繁重等。他们能够承受这些压力，保持冷静和乐观的态度，积极应对挑战。

适应环境的能力：在活动中，大学生可能会遇到各种不同的环境和条件，如气候、饮食、住宿等。他们能够适应这些环境，克服困难，保持良好的状态和表现。

团队合作的精神：在活动中，大学生需要与团队成员紧密合作，共同完成任务。他们能够表现出团队合作的精神，相互帮助和支持，共同克服困难。

（二）虚心好学

开放心态：大学生在活动中能够保持开放的心态，愿意接受新的知识和经验。他们能够积极倾听他人的意见和建议，不断学习和进步。

求知欲强：大学生在活动中表现出强烈的求知欲，对于新的知识、技术和技能,他们总是充满好奇心和探究欲望。

乐于学习:大学生在活动中能够积极投入到学习中,乐于接受新的知识和技能。他们能够主动寻找学习资源,不断提高自己的能力。

善于学习:大学生在活动中能够善于学习,掌握有效的学习方法。他们能够从不同的角度和层面思考问题,不断拓宽自己的知识面和视野。

持续学习:大学生在活动中能够保持持续学习的态度,不断更新自己的知识和技能。他们能够适应不断变化的环境和需求,保持竞争力和适应性。

(三) 积极向上

乐观向上:大学生在活动中能够保持乐观向上的态度,积极面对挑战和困难。他们能够看到问题的积极面,并寻找解决问题的方法。

自我激励:大学生在活动中能够自我激励,不断激发自己的潜力和动力。他们能够对自己的目标保持清晰的认识,并采取积极的行动来实现这些目标。

积极进取:大学生在活动中能够积极进取,不断学习和成长。他们能够主动寻找学习机会,不断提高自己的能力和素质。

适应能力强:大学生在活动中能够适应不同的环境和情况,快速适应和融入新的环境。他们能够灵活应对各种变化和挑战,保持积极的心态。

追求进步:大学生在活动中能够追求进步和发展,不断超越自己。他们能够发现自己的不足之处,并采取措施来改进和提高自己的表现。

(四) 助人为乐

乐于助人:大学生在活动中能够积极帮助他人,为他人提供支持和帮助。他们能够关注他人的需求和困难,并主动伸出援手,为他人排忧解难。

关心他人:大学生在活动中能够关心他人的感受和需求,关注他人的成长和发展。他们能够倾听他人的意见和建议,并提供支持和建议,帮助他人实现自己的目标。

奉献精神：大学生在活动中能够具备奉献精神，为他人和社会贡献自己的力量。他们能够积极参与志愿服务、社会实践等活动，以实际行动践行公益理念，为社会的进步作出积极的贡献。

（五）坚持不懈

毅力坚定：大学生在活动中能够坚定自己的信念和目标，不轻易放弃和妥协。他们能够克服困难和挑战，坚持追求自己的梦想和目标。

持之以恒：大学生在活动中能够持之以恒地努力和奋斗，不间断地付出努力和汗水。他们能够保持持续的动力和热情，不断进步和完善自己。

坚韧不拔：大学生在活动中能够承受挫折和失败，从中吸取经验教训，不断修正自己的行动方向。他们能够保持对成功的执着追求，不断前行直至取得成功。

五、视野拓宽

大学生通过参与社会实践活动，能够有效地拓宽自己的视野，并为人生规划奠定坚实的基础。首先，他们可以通过参与志愿服务、社区服务、实习和兼职等多样化的社会活动，接触不同的人群和环境，从而增进对社会的理解和认识。其次，通过了解国际文化、参加各种比赛，大学生能够接触到更多的国际文化元素，了解不同国家和地区的文化传统、风俗习惯等，从而开阔了他们的国际化视野。通过这些实践活动，大学生不仅能够获得宝贵的经验和知识，还能够在反思与自我认知的过程中，明确自己的优势和劣势，为制定和实施个人的人生规划提供指导和动力。总之，社会实践是大学生认识自我、了解社会、规划未来的重要途径，它能够帮助他们在不断学习和成长中，成为具有国际视野、社会责任感和创新精神的人才。

第六章

优化大学生社会实践的策略与方法

基于前两章对南孔学堂暑期支教项目的实证研究和分析，笔者在本章中对研究结果进行总结并提出了优化大学生社会实践的策略与方法。大学生在南孔学堂项目中取得的成长主要体现在五个方面：知识拓展、能力提升、心智成熟、品格锻炼和视野拓宽。基于上述结论，笔者提出了针对社会实践的优化建议与改进措施。此外，对于作为实践主体的大学生，笔者也提出了一定的建议。

一、结论

通过对南孔学堂暑期支教项目的深入研究，本书发现该项目对大学生产生了深远影响。首先，大学生在专业知识与人文素养方面均得到了显著的拓展与深化，不仅巩固了英语、物理、化学等专业知识，还通过多元化的课程设计，提升了自身的人文素养。其次，支教活动有效锻炼了大学生的知识应用能力、教学技能、科技应用能力和团队协作能力，为他们未来的职业生涯奠定了坚实基础。此外，大学生在心理上也实现了成长与成熟，培养了爱心、自信心、公益心和责任感，更加明确了自己的人生方向。最后，通过支教活动，大学生们更加清晰地认识到自己的学习目标、职业目标和人生目标，为他们追求个人价值和社会贡献提供了强大的动力。在这一过程中，他们锻炼了自己的品格，拓宽了自己的视野。

二、优化建议与改进措施

（一）持续完善课程设计

为了更好地满足大学生的需求，南孔学堂可以持续完善课程设计。具体而言,南孔学堂可以采取以下措施:①增加文化课程。增加与当地文化、历史、民俗等相关的课程,使大学生更深入地了解和体验当地文化。例如,可以开设当地历史、民俗、艺术等方面的课程,让大学生了解当地的文化特色和传统。②引入实践课程。除了理论知识,南孔学堂还可以引入实践课程,让大学生通过亲身参与实践活动来锻炼自己的能力。例如,可以开设社会实践、志愿服务等课程,让大学生在实践中学习如何与人沟通、如何解决问题等。③注重课程创新。南孔学堂可以不断尝试新的课程形式和内容,以满足大学生的不断变化的需求。例如,可以引入在线课程、微课程等新的教学方式,使大学生能够更加灵活地学习。

(二) 加强师资力量培训

为了提高大学生的教学水平和专业素养,南孔学堂可以采取以下措施加强师资力量培训:①定期组织教师技能培训。南孔学堂可以定期组织教师技能培训活动,邀请专业人士为大学生提供培训和指导,提高其教学水平和专业素养。②鼓励大学生们相互交流。南孔学堂可以鼓励大学生交流和分享教学经验,组织研讨会等活动,让他们互相学习和借鉴。③提供教学资源支持。南孔学堂可以为大学生们提供丰富的教学资源支持,如教学资料、教学设备等,帮助他们更好地开展教学工作。

(三) 加强大学生心理辅导

在支教过程中,大学生可能会遇到各种挑战和困难,因此南孔学堂可以采取以下措施加强心理辅导:①提供心理咨询服务。南孔学堂可以设立心理咨询服务中心,为大学生提供心理咨询服务和支持,帮助他们更好地应对压力和挑战。②加强心理健康教育。南孔学堂可以在课程中加强心理健康教育的内容,帮助大学生了解心理健康的重要性,提高他们的心理素质和应对能力。③建立心理支持团队。南孔学堂可以建立心理支持团队,为大学生提供专业的心理支持和帮助,确保他们在支教过程中保持良好的心理状态。

(四) 推广南孔学堂经验

南孔学堂的暑期支教项目已经取得了显著的成果，南孔学堂可以将这些经验推广到其他地区或学校，让更多的大学生受益。具体而言，南孔学堂可以采取以下措施：①举办经验分享会。南孔学堂可以定期举办经验分享会，邀请参与过支教项目的大学生分享他们的经验和感受，让更多的人了解南孔学堂的支教项目。②编写经验总结报告。南孔学堂可以编写经验总结报告，详细介绍支教项目的实施过程、成果和经验教训等，为其他地区或学校提供参考和借鉴。③开展合作推广活动。南孔学堂可以与其他地区或学校开展合作推广活动，共同推广支教项目和南孔学堂的经验，吸引更多的大学生参与其中。

(五) 建立长期合作机制

南孔学堂可以与龙游溪口等地建立长期合作机制，为大学生提供更多的社会实践机会。具体而言，南孔学堂可以采取以下措施：①签订长期合作协议。南孔学堂可以与龙游溪口等地签订长期合作协议，明确双方的权利和义务，确保支教项目的长期稳定发展。②设立奖学金计划。南孔学堂可以设立奖学金计划，鼓励更多的大学生参与支教项目，并为他们提供资金支持。③加强与当地社区的合作。南孔学堂可以加强与当地社区的合作，共同开展社会实践活动和文化交流活动等，为大学生提供更多的实践机会和文化体验。

三、对大学生作为实践主体的建议

(一) 积极参与并投入

大学生作为支教主体，他们的积极参与和投入是支教成功的关键。在支教过程中，大学生应该全身心地投入，不仅关注学生的需求，还要积极参与到课程设计、教学实施、学生辅导等各个环节中。通过积极参与，大学生可以更好地了解当地文化和教育环境，提高自己的教学能力和人际交往能力。

（二）关注学生需求

在支教过程中，大学生要时刻关注学生的需求和问题。通过与学生的互动和交流，了解他们的学习状况、兴趣爱好和心理状态，尽可能地为他们提供帮助和支持。大学生可以通过个性化教学、心理辅导等方式，满足学生的不同需求，帮助他们更好地成长和发展。

（三）注重自我提升

在支教过程中，大学生也要注重自我提升。通过不断学习和实践，提高自己的能力和素质。大学生可以参加各种培训和学习活动，提升自己的教学技能、沟通技巧、领导能力等。同时，他们还可以通过反思和总结，找出自己的不足和需要改进的地方，不断完善自己的能力和素质。

（四）保持开放心态

面对不同的文化和环境，大学生要保持开放的心态。他们应该尊重当地的文化传统和价值观，积极学习和适应新的环境和挑战。同时，他们还要保持开放的心态，接受不同的观点和意见，与当地教师和学生建立良好的沟通和合作关系。

（五）持续反思和总结

在支教结束后，大学生要对自己的表现进行反思和总结。他们可以回顾整个支教过程，分析自己的优点和不足，找出需要改进的地方。通过反思和总结，大学生可以更好地认识自己、提高自己的能力和素质，为未来的支教活动做好准备。

总之,大学生作为支教主体,应该积极参与并投入到整个支教过程中。他们要关注学生需求、注重自我提升、保持开放心态并持续反思和总结。只有这样,他们才能更好地完成支教任务、提高自己的能力和素质,为当地的教育事业作出贡献。

附　录

调查问卷1

1. 您现在所在的年级是？

A. 1～2 年级

B. 3～4 年级

C. 5～6 年级

2. 您的性别是？

A. 男

B. 女

3. 您参加过几次南孔学堂？

A. 第一次参加

B. 两次

C. 两次以上

4. 您是通过哪种方式认识南孔学堂的？

A. 老师推荐

B. 朋友推荐

C. 父母推荐

D. 其他

5. 您现在和谁生活在一起？

A. 爸爸妈妈

B. 父母其中一方

C. 亲戚

6. 在南孔学堂的学习过程当中，您是否感受到归属感？

A. 是

B. 否

7. 您参加南孔学堂的目的是？（多选题）

A. 在家里太无聊

B. 希望结交新的朋友

C. 希望学到新的知识

D. 希望能锻炼独立自主的能力

E. 同学也参加

F. 获得专业的知识讲解

8. 您喜欢南孔学堂开设的哪些课程？（多选题）

A. 万华镜——探秘中华五十六个民族

B. 国学

C. 我以我行护溪口

D. 书山有路

E. 横跨时空的节气美

F. 世界正在说

G. 演说家的闯关之路

H. 我是小小科学家

I. 亲子新游记（亲子活动）

9. 您最喜欢“万华镜——探秘中华五十六个民族”的哪个方面？

10. 您认为“万华镜——探秘中华五十六个民族”需要改进的地方是？

11. 您从“万华镜——探秘中华五十六个民族”这门课中学到了什么？

12. 您最喜欢“国学”的哪个方面？

13. 您认为“国学”需要改进的地方是？

14. 您对“国学”课程的开设方式有无建议？

15. 您最喜欢“我以我行护溪口”的哪个方面？

16. 您认为“我以我行护溪口”需要改进的地方是？

17. 您从“我以我行护溪口”这门课程中学到了什么？

18. 您最喜欢“书山有路”的哪个方面？

19. 您认为“书山有路”需要改进的地方是？

20. 在“书山有路”课程中，您最喜欢学习以下哪种字体？

A. 篆书

B. 隶书

C. 楷书

D. 行书

E. 草书

21. 您最喜欢“横跨时空的节气美”的哪个方面？

22. 您认为“横跨时空的节气美”需要改进的地方是？

23. 您从“横跨时空的节气美”这门课程当中学到了什么？

24. 您最喜欢“世界正在说”的哪个方面？

25. 您认为“世界正在说”需要改进的地方是？

26. 您最喜欢“演说家的闯关之路”的哪个方面?

27. 您认为“演说家的闯关之路”需要改进的地方是?

28. 如果要上台演讲,您是否能够灵活应用从“演说家的闯关之路”中学到的技巧?

A. 是

B. 否

29. 您是否喜欢“演说家的闯关之路”的教学方式?

A. 是

B. 否

30. 您最喜欢“我是小小科学家”的哪个方面?

31. 您认为“我是小小科学家”需要改进的地方是?

32. 您认为“我是小小科学家”这门课是否有助于提高您的课外科学知识水平和动手能力?

A. 是

B. 否

33. 您对南孔学堂举办的亲子活动是否感到满意?

A. 是

B. 否

34. 您认为还有哪些活动可以运用到亲子活动中来增进家人之间的交流?

35. 在上课过程中,您往往会怎么做?(多选题)

A. 发呆

B. 记笔记

C. 认真听讲

D. 积极举手发言

E. 做小动作

F. 睡觉

36. 您在南孔学堂收获到了什么?(多选题,最多选5项)

A. 开阔视野

B. 独立性提升

C. 与朋友相处能力提升

D. 沟通表达能力提升

E. 情绪调节能力提升

F. 丰富的假期生活

G. 良好习惯的养成

H. 抗挫折能力提升

I. 适应新环境的能力提升

J. 其他

37. 您对南孔学堂的总体评价是?

	很不满意	不满意	一般	满意	很满意
课程设计					
时间安排					
教学设施					
安全程度					
老师的表现					
南孔学堂的氛围					

38. 您对南孔学堂开设的拓展课的评价是?(根据满意程度进行打分,满分为 5 分)

	1	2	3	4	5
早读					
阅读课					
练字					
体育活动					
手势舞					
作业整理课					

39. 您认为学习课外知识对您自身发展有帮助吗?

A. 有帮助

B. 没帮助

40. 跟学校老师相比,您希望南孔学堂的老师更注重哪方面的教学?(多选题)

A. 注重班级建设

B. 注重纪律管理

C. 注重知识讲解

D. 注重体育锻炼

E. 注重动手实践

41. 您对现阶段南孔学堂早读课开展的关于古诗词朗读或英文朗读的评价是?

A. 难度大,很难适应

B. 难度大,可以适应

C. 难度适中,但很难适应

D. 难度适中,可以适应

E. 难度小,已经掌握

42. 您有没有喜欢但南孔学堂没有开设的课程?如有,请简单描述。

43. 您认为南孔学堂有没有需要改进的地方?如有,请简单描述。

调查问卷2

1. 您认为大学生参与社会实践活动是否重要?

A. 非常重要

B. 比较重要

C. 一般

D. 不太重要

E. 完全不重要

2. 您是否参与过社会实践活动?

A. 是

B. 否

3. 如果您参与过社会实践活动,您认为社会实践活动对您的成长有哪些积极影响?

A. 增加社会经验,提升人际交往能力

B. 提升自我认知和自我管理能力

C. 增强责任感和使命感,培养社会服务意识

D. 学习新知识,提升专业技能和素养

E. 缓解学习压力,促进身心健康

4. 您是否认为学校提供了足够的支持来促进大学生参与社会实践活动?

A. 是

B. 否

5. 您是否认为社会实践活动对您的学业有帮助?

A. 是

B. 否

6. 您是否愿意在未来的学习和生活中更积极地参与社会实践活动?

A. 是

B. 否

7. 您认为以下哪个因素是参与社会实践活动面临的最大挑战或困难?

A. 时间冲突和课程冲突

B. 活动内容和形式不够吸引人

C. 缺乏资金和资源支持

D. 缺乏有效的组织和指导

E. 其他(请注明)________

8. 您认为社会实践活动对您的未来职业规划有何影响?请选择最符合的选项。

A. 提供实习和工作机会,有助于找工作和就业

B. 培养领导力和团队协作能力,有助于职业发展

C. 学习新的技能和知识,有助于提升职业竞争力

D. 了解行业和职业,有助于做出适合自己的专业和职业选择

E. 其他(请注明)________

9. 您希望学校在促进大学生参与社会实践活动方面做出哪些改进或措施?

A. 提供更多的支持和激励措施(如学分、补贴等)

B. 加强活动宣传和推广,提高活动的知名度和吸引力

C. 提供更多安全和保障措施,消除参与者的顾虑和担忧

D. 其他(请注明)________

10. 您认为大学生最愿意参与社会实践活动的时间段是什么时候?(可多选)

A. 大一

B. 大二

C. 大三

D. 大四

E. 其他(请注明)________

11. 您认为大学生参与社会实践活动的主要目的是什么?

A. 提升个人能力

B. 增加社会经验

C. 完成学校任务

D. 其他(请注明)________

12. 您是否认为大学生应该将社会实践活动纳入日常生活和学习中?

A. 是,非常必要

B. 是,但只在有时间和精力的情况下

C. 没有必要,应专注于学业

D. 其他(请注明)________

13. 您是否认为学校应该设立专门的社会实践课程或机构来支持学生的实践活动?

A. 是,非常有必要

B. 是,但只在有需要的情况下

C. 没有必要,现有资源足够

D. 其他(请注明)________

14. 您是否参加过与自己专业相关的社会实践活动?

A. 是,参加过

B. 没有,但了解过相关活动

C. 没有,也不打算参加

D. 其他(请注明)________

15. 您是否认为社会实践活动对大学生的社交能力有积极影响?

A. 是,影响很大

B. 是,有一定影响

C. 没有明显影响

D. 其他(请注明)________

16. 您是否认为大学生在参与社会实践活动过程中得到了足够的指导和支持?

A. 是,完全得到了指导和支持

B. 基本得到了指导和支持,但还有提升空间

C. 没有得到足够的指导和支持

D. 其他(请注明)________

17. 您是否认为大学生参与社会实践活动与学业有冲突?

A. 是,存在很大冲突

B. 是,存在一定冲突

C. 没有明显冲突

D. 其他(请注明)________

18. 您认为大学生参与社会实践活动的最佳形式是什么?

A. 社团活动

B. 实习和兼职

C. 研究项目

D. 其他(请注明)________

19. 您认为大学生在参与社会实践活动时最需要哪些方面的培训和支持?

A. 技能培训

B. 安全培训

C. 职业规划培训

D. 其他(请注明)________

20. 您对于大学生参与社会实践活动的未来发展有何期待或建议?

调查问卷3

1. 您参与南孔学堂项目的时间是?

A. 大一

B. 大二

C. 大三

D. 大四

E. 已毕业

2. 您认为参与南孔学堂项目对您的学业有帮助吗?

A. 非常大

B. 较大

C. 一般

D. 没有帮助

3. 您认为参与南孔学堂项目对您的职业规划有帮助吗?

A. 非常大

B. 较大

C. 一般

D. 没有帮助

4. 您认为参与南孔学堂项目对您的团队协作能力有帮助吗?

A. 非常大

B. 较大

C. 一般

D. 没有帮助

5. 您认为参与南孔学堂项目对您的沟通表达能力有帮助吗?

A. 非常大

B. 较大

C. 一般

D. 没有帮助

6. 您认为参与南孔学堂项目对您的社会实践能力有帮助吗?

A. 非常大

B. 较大

C. 一般

D. 没有帮助

7. 您认为南孔学堂项目的实践性强吗?

A. 是,非常强

B. 是,较强

C. 一般

D. 没有实践性质

8. 您是否认为南孔学堂项目的导师和团队成员对您有帮助?

A. 是,非常有帮助

B. 是,有一定帮助

C. 一般

D. 没有帮助

9. 您是否认为南孔学堂项目的实践活动有助于提升您的创新能力?

A. 是,非常有帮助

B. 是,有一定帮助

C. 一般

D. 没有帮助

10. 您是否认为南孔学堂项目的实践活动有助于提升您的领导能力?

A. 是,非常有帮助

B. 是,有一定帮助

C. 一般

D. 没有帮助

11. 您是否认为南孔学堂项目的实践活动有助于提升您的沟通能力?

A. 是,非常有帮助

B. 是,有一定帮助

C. 一般

D. 没有帮助

12. 您是否认为南孔学堂项目的实践活动有助于提升您的问题解决能力?

A. 是,非常有帮助

B. 是,有一定帮助

C. 一般

D. 没有帮助

13. 您是否认为南孔学堂项目的实践活动有助于提升您的环境适应能力?

A. 是,非常有帮助

B. 是,有一定帮助

C. 一般

D. 没有帮助

14. 您是否认为南孔学堂项目的实践活动有助于提升您的环保意识？

A. 是，非常有帮助

B. 是，有一定帮助

C. 一般

D. 没有帮助

15. 您是否认为南孔学堂项目的实践活动有助于提升您的知识应用能力？

A. 是，非常有帮助

B. 是，有一定帮助

C. 一般

D. 没有帮助

16. 您是否认为南孔学堂项目的实践活动有助于提升您的班级管理能力？

A. 是，非常有帮助

B. 是，有一定帮助

C. 一般

D. 没有帮助

17. 您是否认为南孔学堂项目的实践活动有助于提升您的活动组织能力？

A. 是，非常有帮助

B. 是，有一定帮助

C. 一般

D. 没有帮助

18. 您是否认为南孔学堂项目的实践活动有助于提升您的自信？

A. 是，非常有帮助

B. 是，有一定帮助

C. 一般

D. 没有帮助

19. 您是否认为南孔学堂项目的实践活动有助于提升您的课题设计能力？

A. 是，非常有帮助

B. 是，有一定帮助

C. 一般

D. 没有帮助

20. 您是否认为南孔学堂项目的实践活动有助于提升您的情绪控制能力？

A. 是，非常有帮助

B. 是，有一定帮助

C. 一般

D. 没有帮助

参考文献

[1] 本刊综合. 六春湖:满地绿春,一湖碧水[J]. 浙江画报,2022(8):92-95.

[2] 编辑部. 2023 年全国教育工作会议召开[J]. 中小学信息技术教育,2023(Z1):158.

[3] 陈柳月. 打造精神文明高地 答好共同富裕考题[N]. 衢州日报,2022-05-27(7).

[4] 陈曼,徐伟建. 基于统编教科书的单元整体教学建构与实施[J]. 新校园,2023(10):9-12.

[5] 陈晓军. 从"三个务必"论新时代教育事业的政治担当[J]. 宁夏教育,2023(4):6-9.

[6] 谌祖霞. 冰雪运动参与者的心理特征及其对运动成就动机的影响研究[J]. 冰雪体育创新研究,2023(21):4-6.

[7] 崔月华. 高校思想政治教育课教学原则与教学方法改革[J]. 辽宁教育研究,2000(S1):154-156.

[8] 丁志强. 初中"人工智能+整合课程"体系的建构[J]. 新课程研究,2023(19):42-44.

[9] 方素菊. 更好的教育惠及更多孩子[N]. 河北日报,2021-06-19(3).

[10] 顾志勇. 社会实践在大学生角色社会化中的功能分析[J]. 山东省青年管理干部学院学报,2007(1):42-44.

[11] 顾志勇. 社会实践在大学生角色社会化中的功能探析[J]. 青少年研究

(山东省团校学报),2007(01):43-45.

[12] 何鹏,汪洋,蔡睿妍.《通信原理》应用型教材建设的思考与实践[J].现代职业教育,2023(30):121-124.

[13] 洪小瑜.把握关联性优化初中语文与历史的融合教学策略[J].考试周刊,2023(49):53-56.

[14] 李奕.以高质量党建引领民办教育转型发展[J].北京支部生活,2022(1):68-69.

[15] 李玉莲.指向深度学习的初中语文项目化学习实践[C]//中国陶行知研究会.2023年第九届中国陶行知研究座谈会论文集.[出版者不详],2023:3.

[16] 梁晶.小组社会工作介入学龄期儿童注意力稳定性的实务研究[D].太原:山西医科大学,2019:1-46.

[17] 梁作华,杨继勇,刘婷.现代学徒制高素质“双导师”队伍建设措施的研究[J].汽车实用技术,2021,46(3):176-178.

[18] 刘兰兰.大学生社会实践活动实效性的研究[D].石家庄:河北师范大学,2011:1-39.

[19] 刘志斌.“研本1+1”互动式教育管理模式的探索与实践研究:以山东省A大学理学院为例[J].改革与开放,2020(18):105-108.

[20] 龙蓁蓁.专业认证背景下学前教育专业建设路径研究[J].国家通用语言文字教学与研究,2023(8):179-181.

[21] 罗美玲.项目化教学在高职《大学生心理健康教育》课程中的应用[J].企业导报,2011(08):211-212.

[22] 马粉丽.大学生职业素质视角下的就业能力培养问题分析[J].发明与创新(职业教育),2020(11):152-153.

[23] 倪娜.大学生心理健康教育课程建设与探索[J].青春岁月,2012(2):115.

[24] 曲萍,于明鑫,周晓宇.钢结构设计课程教学实践的多元化路径探究[J].教育信息化论坛,2023(10):33-35.

［25］阙祥才. 实证主义研究方法的历史演变[J]. 求索,2016(4):71－76.
［26］孙敏,张吉. 竞赛活动对培养和提高大学生创新能力的研究与探讨[J]. 中国多媒体与网络教学学报(上旬刊),2023(05):165－168.
［27］孙亚杰. 高职院校思想政治理论课教学途径探析[J]. 文教资料,2013(30):157－158.
［28］陶燕雯. 浅谈草图在小学美术教学实践中的应用[C]//中国陶行知研究会. 2023年第九届中国陶行知研究座谈会论文集. [出版者不详],2023:3.
［29］田敬瑜. 坚持党的全面领导是做好教育工作的根本保证[J]. 河北教育(综合版),2022,60(11):14－16.
［30］吴松. 贵州高中地理教育中区域文化融入策略与效果[J]. 中学课程辅导,2023(34):72－74.
［31］吴志超. 新时代钳工实训与人文教育融合探讨[J]. 造纸装备及材料,2023,52(11):249－251.
［32］辛德万. 乡村振兴战略下大学生返乡创业路径研究[J]. 农业经济,2023(10):127－129.
［33］徐土土. 建设美丽家园 打造生态衢州[J]. 绿色中国,2005(3):67－68＋64.
［34］郁李鑫. 电气控制与PLC应用课程的实验教学设计[J]. 集成电路应用,2023,40(11):386－387.
［35］张爱景. 复杂新产品开发中的知识整合研究[D]. 哈尔滨:哈尔滨工业大学,2014:1－70.
［36］张勇. 小班化数学教学对学生分层要求的尝试与反思[J]. 语数外学习(初中版中旬),2012(1):54－55.
［37］赵亮,王俊明,姚慧丽等. 数学拔尖创新人才培养的研究与实践:以哈尔滨理工大学数学实验班为例[C]//黑龙江省高等教育学会. 传承与创新:提升高等教育质量. [出版者不详],2014:4.
［38］钟毓. 现代师徒制下高职院校学生创业能力培养模式构建研究:

以××院校连锁经营管理专业为例[J]. 教育现代化,2018,5(3):35-37+47.

[39] 周天明. 在新型教育智库建设中强化有组织科研[J]. 中国高等教育,2023(Z2):24-27.

[40] 朱必圣. 饥饿的艺术家[J]. 文艺评论,1998(03):26-31+35.

[41] 左德建. 互动教学,让英语课堂"活"起来[J]. 中学生英语,2017(20):73.

索 引